ATAQUES À VIDA

Blucher

ATAQUES À VIDA

Um estudo psicanalítico do homicídio e de outros crimes

Arthur Hyatt-Williams

Tradução

Maria Cecília Sonzogno

Revisão técnica

Marisa Pelella Mélega

Título original: *Nevrosi e delinquenza : uno studio psicoanalitico dell'omicidio e di altri crimini*
Ataques à vida: um estudo psicanalítico do homicídio e de outros crimes

Edição brasileira aos cuidados de Marisa P. Mélega

Publisher Edgard Blücher
Editor Eduardo Blücher
Coordenação editorial Jonatas Eliakim
Produção editorial Bárbara Waida
Tradução Maria Cecília Sonzogno
Preparação de texto Ana Maria Fiorini
Diagramação Taís do Lago
Revisão de texto Bonie Santos
Capa Leandro Cunha
Imagem da capa Fachada da penitenciária Wormwood Scrubs, em Londres; foto extraída de Wikimedia Commons

Blucher

Rua Pedroso Alvarenga, 1245, 4° andar
04531-934 - São Paulo - SP - Brasil
Tel.: 55 11 3078-5366
contato@blucher.com.br
www.blucher.com.br

Segundo o Novo Acordo Ortográfico, conforme 5. ed. do *Vocabulário Ortográfico da Língua Portuguesa*, Academia Brasileira de Letras, março de 2009.

Dados Internacionais de Catalogação na Publicação (CIP)
Angélica Ilacqua CRB-8/7057

Hyatt-Williams, Arthur

Ataques à vida : um estudo psicanalítico do homicídio e de outros crimes / Arthur Hyatt-Williams ; tradução de Maria Cecília Sonzogno. - São Paulo : Blucher, 2022.

228 p.

Bibliografia
ISBN 978-65-5506-513-8 (impresso)
ISBN 978-65-5506-514-5 (eletrônico)

1. . Psicanálise 2. Crime - Aspectos psicológicos 3. Delinquência 4. Violência - Aspectos psicológicos I. Título II. Sonzogno, Maria Cecília

22-1758 CDD 150.195

Índice para catálogo sistemático:
1. Psicanálise - Violência - Crime

Conteúdo

Prefácio	7
Apresentação	11
1. Neurose e criminalidade	15
2. A natureza da agressividade	23
3. Crueldade	35
4. Abordagem psicanalítica ao tratamento dos homicidas	51
5. O adolescente e a violência	71
6. O adolescente e o crime	89
7. Riscos no trabalho com adolescentes perturbados	105
8. As origens do crime	123
9. Quando a ideia de morte não pode ser contida	143
10. Violência no casamento	167
11. O microambiente	181
12. A balada do Velho Marinheiro	203
Referências	225

Prefácio

Ilana Casoy[1]

O trabalho de Arthur Hyatt-Williams, notável psiquiatra e psicanalista, influencia profissionais da área forense até os dias de hoje. Ele foi pioneiro no entendimento de que uma mente humana criminosa pode não ser tão diferente daquelas que apenas pensam nisso. Criminosos ímpares em sua crueldade foram tratados pelo autor no sentido de trabalhar os próprios sentimentos de culpa e, assim, modificar suas tendências destrutivas, que os colocaram nesse lugar perverso.

Amparado em suas profundas pesquisas e em seus contatos com os mais importantes profissionais da área, como Freud, Herbert Rosenfeld, Hanna Segal, Wilfred Bion e Melanie Klein, de quem foi paciente, Williams utilizou diversas técnicas para desvendar o papel da morte no inconsciente de criminosos graves a fim de poder tratá-los psicanaliticamente, estabelecendo alguma reparação. O conceito que desenvolveu, de "constelação de morte", tenta equilibrar os vários elementos da personalidade de indivíduos criminosos para compensar sua tendência a matar tudo que é doloroso demais. A relação entre luto e remorso, segundo a experiência dele, quando entendida por seus pacientes presos, poderia ajudá-los a encontrar alguma humanidade dentro de si.

---

1 Criminóloga e escritora.

O papel da morte no inconsciente de cada um é de suma importância no trabalho psicanalítico de reparação em pessoas esquecidas pelo sistema desenvolvido por Hyatt-Williams. As importantes reflexões trazidas neste livro jogam luz sobre o objetivo de entender indivíduos com mentes perturbadas pelo método que o autor criou para analisá-las e reconstruí-las a partir de seus atos homicidas. Os artigos compilados nesta obra nos ajudam a entender a importância crucial de tratar esses criminosos, mais que apenas puni-los.

Quem realiza trabalho forense que oferece contato direto com homicidas há muito tempo percebe que fantasiar não é crime, mas que o descontrole sobre essa fantasia é o que de fato diferencia esses indivíduos de nós. Aqui, entenderemos os gatilhos que podem provocar a ruptura tênue daquilo que nos divide. O comportamento criminoso por si só não define automaticamente um diagnóstico psiquiátrico; é necessário mais que isso. Tratar esses indivíduos com métodos criativos, a fim de analisar e reconstruir o próprio ato homicida que cometeram, como Hyatt-Williams descreve, não só os ajuda a administrar sua própria culpa (quando há) e ansiedade pelo que fizeram, humanizando-os e evitando grandes depressões e suicídios, como ainda nos fornece a possibilidade de compreender as dinâmicas e armadilhas que causam esses atos perversos e irreparáveis.

Como criminóloga, observei nos criminosos que entrevistei vários traumas aqui descritos pelo autor. A simples demonização do homicida acompanhada da santificação da vítima não ajuda ninguém; é preciso entender que quando a vítima "sai" do símbolo que representa para seu agressor e se personifica como indivíduo único, deixa imediatamente de ser alvo da projeção da raiva do assassino. Como diz o autor, "psicoterapia e psicanálise são para a mente aquilo que a ortopedia é para as malformações do corpo: em ambos os casos, o tratamento dura muito tempo". Eu completaria dizendo que essa técnica exige paciência, conhecimento e isenção de julgamento, habilidades que os mais apressados por resultados não costumam ter. E nos apresenta alternativas para que adolescentes infratores possam ser resgatados em tempo, pela psicoterapia, dos lugares sombrios dos quais suas mentes se alimentam enquanto cumprem suas penas sem tratamento algum, para depois enfrentarem um futuro com poucas chances de reparação de si próprios e do outro.

Arthur Hyatt-Williams, com seus métodos e análises, nos propicia caminhos de entendimento, tratamento terapêutico e esperança de reparação onde quer que haja violência, desde a conjugal até os homicídios de qualquer espécie, sem clichês psicológicos que reforcem a prisão como método de recuperação do comportamento humano.

Apresentação

Marisa P. Mélega

O doutor Arthur Hyatt-Williams, analista didata da British Society, analisado por Melanie Klein, diferentemente de seus colegas, Herbert Rosenfeld, Hanna Segal, Wilfred Bion e Donald Meltzer, escolheu como campo de investigação a criminalidade. Neste seu livro, apresenta um aprofundado estudo sobre a criminalidade e a destrutividade do ser humano. Para tal, ocupou-se por mais de trinta anos de detentos na prisão Wormwood Scrubs, em Londres, para compreender a mente dos criminosos, quais fatores facilitam a concretização de atos violentos e do homicídio e quais elementos seriam específicos da mente de um homicida.

Sua longa experiência convenceu-o de que quem mata não é substancialmente diverso de quem não mata.

Sua investigação foi aprofundada pela realização de psicoterapia em homicidas, e seu livro é enriquecido por casos clínicos, além de suas teorizações.

Os referenciais teóricos por ele usados são principalmente os de Melanie Klein, desde o artigo de 1927, "Tendências criminosas em crianças normais".

No **Capítulo 1**, o doutor Hyatt-Williams recorre a Freud para lembrar ao leitor as fases do desenvolvimento emocional, suas ansiedades acompanhantes e as consequências das fixações nessas fases.

No **Capítulo 2**, "A natureza da agressividade", o autor define a agressividade com seus componentes a serviço da própria defesa ou da defesa de outrem, ou, ao contrário, com sua componente de avidez, que leva a explorar e submeter os outros.

No **Capítulo 3**, "Crueldade", o autor faz uma ampla descrição das origens e da atuação da crueldade e afirma que a crueldade é parte integrante das fantasias que acompanham as perversões sexuais.

O **Capítulo 4** inicia com a citação do famoso artigo "Criminosos em consequência de um sentimento de culpa", de Freud (1916). Ao examinar a literatura sobre os assassinos, o doutor Hyatt-Williams se surpreendeu ao constatar que em sua maioria eram psicóticos. No entanto, ao tomar em exame (estudo de 1958) os condenados à prisão perpétua – os homicidas –, percebeu que a violência extrema provinha de uma cisão (e não de repressão) encapsulada por anos e que aparecia em momentos de tensão ou doença, às vezes como tentativa de suicídio e em seguida como ataque homicida. Descreve detalhadamente os casos de Bill e de Tom.

O autor passa então a se ocupar, nos **Capítulos 5**, **6** e **7**, da violência e do crime nos adolescentes e nos seus agrupamentos.

Os capítulos seguintes, **8** e **9**, são dedicados ao aprofundamento das origens do crime e à descrição de uma constelação de fantasias, sonhos, pensamentos, impulsos e ruminações conectadas com o matar e o destruir, que o autor denominou "constelação de morte".

No **Capítulo 10**, o autor dá exemplos de violência no casamento e na família.

No **Capítulo 11**, "O microambiente", descreve um caso de terapia familiar ocorrido na Clínica Tavistock, tendo como coterapeuta Gianna Polacco Williams.

Finaliza seu livro com o **Capítulo 12**, "A balada do Velho Marinheiro", poema de Coleridge. Em sua leitura crítica desse poema revela-se o tema da culpa e da expiação que se seguem ao assassinato do objeto bom, morto sem um motivo plausível, mas porque foi vivido numa atmosfera persecutória como um objeto mau.

O livro como um todo é rico em exemplos e teorizações, resultando ser muito didático nesse assunto tão pouco abordado pelo vértice da teoria psicanalítica.

Em 1988, por ocasião da inauguração do Centro de Estudos Psicanalíticos Mãe-Bebê-Família de São Paulo, tivemos o prazer da visita do doutor Hyatt-Williams e de sua esposa, Gianna Polacco Williams. Durante essa visita, além de realizar atividades clínicas, ele proferiu conferências na Associação Paulista de Medicina e na Sociedade Brasileira de Psicanálise de São Paulo, dentre as quais destaco "Psicanálise da mente homicida, 20 anos depois".

Naquela ocasião, pedi autorização para publicar este livro no Brasil, a qual ele gentilmente me concedeu.

Finalmente, surgiu em 2021 a oportunidade de lançar *Nevrosi e delinquenza*[1] sob o novo título de *Ataques à vida*, que fora uma escolha do autor.

1 A edição original em italiano é uma tradução de estudos e artigos publicados pelo autor em língua inglesa. Assim, as notas indicadas com [N.T.] são acréscimos da tradutora italiana ao texto. Já as notas sem qualquer indicação são do próprio autor, presentes nos trabalhos originais.

1. Neurose e criminalidade

Os neuróticos, em geral, sofrem e não conseguem concluir grande parte de seus projetos em decorrência, sobretudo, da ansiedade e das inibições que os afligem. Os criminosos, entretanto, agem e frequentemente executam crimes, isto é, ações que por definição prejudicam os outros tanto por causa do sofrimento e dos danos que causam, como, às vezes, por representarem uma ameaça à vida ou até mesmo a interromperem.

O exame das fases do desenvolvimento emocional pelas quais passam todos os seres humanos nos permite individuar os desvios da maturação psíquica tanto nos que se tornarão criminosos como nos que se tornarão neuróticos. O termo "normal" é ambíguo, uma vez que ninguém dá a mesma definição de normalidade. Devemos procurar distinguir entre os desvios transitórios do usual curso do desenvolvimento e os desvios que, ao contrário, gradualmente se consolidam e, com o tempo, vão fazendo parte da estrutura do caráter, influenciando de várias maneiras a vida da pessoa.

Há aproximadamente 120 anos, Freud afirmou que a neurose é o negativo da perversão;[1] ele quis dizer que, enquanto aqueles que têm uma perversão sexual não podem se abster de agir seus impulsos patológicos, aqueles que são neuróticos não agem, mas desenvolvem inibições que afetam áreas mais ou menos extensas do comportamento, a fim de alcançar o que o não neurótico obtém sem muita dificuldade. Freud também enfatizou que impulsos instintivos que nos neuróticos são inibidos ou transformados em sintomas geralmente não são impulsos normais, mas perversos. Ele, portanto, lançou luz sobre a relação entre neurose e perversão.

O desenvolvimento de todos os seres humanos dá-se em fases bem definidas. A primeira, no início da vida, é a fase oral de sucção, atividade da qual dependem a sobrevivência, a satisfação das necessidades e o crescimento. A esta se segue a fase oral sádica, o morder, que surge com o despontar dos dentes; morder e sugar continuam e constituirão um elemento característico da vida. Imediatamente após o desmame, o controle dos esfíncteres se torna cada vez mais importante, pelo menos em nossa cultura. A aquisição do controle do esfíncter anal em geral é acompanhada do conflito entre o desejo de satisfazer ao pedido dos pais e aquele de se opor a eles. Essa é a fase anal ou sádico-anal, caraterizada pelo expelir e pelo reter das fezes; jogar fora ou ter para si, com o tempo, farão parte do comportamento da criança, principalmente com sua mãe e, em seguida, com aqueles que mantêm relações com a criança ou que têm sobre esta alguma autoridade. Posteriormente, tal traço de caráter se torna, de modo mais ou menos explícito, um fator da máxima importância em atitudes relativas a subordinados e pessoas mais jovens, incluindo os filhos.

---

1 Ver *Três ensaios sobre a teoria da sexualidade* (1905) e *A moral sexual "cultural" e o nervosismo moderno* (1908) [N.T.].

Vem depois a fase fálica ou uretral, marcada por tentativas de alcançar o controle da função urinária; a criança nessa fase se sente orgulhosa de seu pênis e teme que ele possa ser danificado. Segue, então, quase imperceptivelmente, a fase edípica ou genital infantil, com os bem notados sentimentos de antagonismo e, às vezes, de forte hostilidade em relação aos genitores do mesmo sexo e de afeição e apreço pelos genitores do sexo oposto. Em grande número de pessoas é presente, menos intensa ou, por assim dizer, em escala menor, a mesma situação, mas ao contrário, o que significa rivalidade com o genitor de sexo oposto e afeto e valorização pelo genitor do mesmo sexo. Claramente esse estado de coisas representa um dos fatores que facilitam o desenvolvimento de tendências homossexuais.

Quando o menino ou a menina tem 5 ou 6 anos, a sexualidade vai ao encontro de um período de quietude: os estímulos instintivos do tipo sexual passam para um segundo plano em relação às atividades com seus pares, aos empenhos escolares que assumem sempre maior importância e à conquista de certa destreza em vários campos, como os jogos e os esportes. É o período de latência, que pode prosseguir sem distúrbios até o fim ou ser repetidamente interrompido por estímulos sexuais que se originam da própria criança ou de experiências excitantes que lhe são impostas.

Quando, no início da puberdade, a criança se torna adolescente, as várias fases do desenvolvimento emocional infantil se repetem, com a diferença de que dessa vez as pulsões dos instintos vêm acrescidas mais fortemente das secreções hormonais, e há também a possibilidade concreta de que o ato sexual leve à procriação. Há, portanto, o risco de que o adolescente tenha que enfrentar responsabilidades que são geralmente próprias dos adultos, enquanto a turbulência do período da adolescência permanece aguda e a contenção e o equilíbrio dos anos maduros estão ausentes.

Em cada fase do desenvolvimento podem surgir dificuldades que, se não forem elaboradas suficientemente ou se não forem de fato solucionadas, são inconscientemente colocadas à parte na psique: são as fixações ou pontos de fixação. É a eles que a pessoa retorna quando aquilo que deve enfrentar parece ser intolerável. Também pode acontecer que as dificuldades não resolvidas escapem de seu estado de limbo intrapsíquico para se tornarem ativas justamente quando as energias estiverem comprometidas em encontrar uma solução para outros problemas.

A ansiedade é vivida pelo bebê como um perigo para sua própria sobrevivência ou, de uma forma menos dramática, como uma perseguição. Quando, nos primeiros períodos de vida, o bebê está em grau de perceber somente aquelas partes da mãe (ou de seu substituto) com as quais está se relacionando, ele divide as experiências em boas e más; em geral são boas as experiências gratificantes e más aquelas que frustram e deixam uma sensação de privação. Quando, por volta do sexto mês, o bebê está em condições de começar a reconhecer a mãe como pessoa inteira, os olhos, as mãos, o peito etc. que até aquele momento tinham sido percebidos como objetos parciais tornam-se parte da mãe; a subdivisão das experiências em boas e más, dependendo de como foram vividos os objetos parciais, torna-se, portanto, cada vez menos clara e definida, com o resultado de que no bebê comparece a ansiedade pelo medo de que o ódio e a destrutividade que ele sentiu e ainda sente em relação ao objeto parcial frustrador sejam mais fortes do que o amor e o apreço pelo objeto bom. Quanto mais os sentimentos se opõem, mais difícil será que eles possam coexistir na mãe recém-reconhecida como um objeto inteiro (total). É muito difícil integrar o amor e o ódio e emergir do conflito mais fortalecido que enfraquecido.

Em outros termos, nessa fase de desenvolvimento a ausência da mãe é vivida como sua perda; existe o terror de que esta seja uma perda definitiva e de que tenham sido o ódio e a hostilidade do bebê que causaram isso. M. Klein indicou a ansiedade gerada por tal estado de coisas com o nome de ansiedade depressiva, que se origina da afeição e da preocupação por outra pessoa e do pesar pelo dano causado a ela. Naturalmente o dano geralmente é infligido à imagem interna ou à representação mental da mãe e suas várias partes, mas mesmo nos primeiros estágios de desenvolvimento as fantasias conscientes e inconscientes às vezes se traduzem em ações, por exemplo, demandas insistentes e excessivas são feitas que vão além das necessidades reais da criança, e as habilidades da mãe são testadas com muita força.

A ansiedade persecutória é mais primitiva e está ligada à sensação de ser tratado injustamente, com rancor; é a ansiedade que deriva da falta de gratificação desejada e da presença de sentimentos persecutórios. Aqueles que experimentam sobretudo a ansiedade depressiva não têm muita probabilidade de se tornarem delinquentes, entretanto, aqueles que experimentam sobretudo a ansiedade persecutória têm muito mais probabilidade de se tornarem delinquentes, já que evitam assumir suas responsabilidades, acusam os outros de extrema violência e, depois de identificá-los como perseguidores, consideram justificável atacá-los.

Algumas formas de delinquência, como algumas formas de neurose, originam-se das fixações, que são formadas durante as várias fases do desenvolvimento emocional. A classificação das fases em oral, anal, fálica e edípica, elaborada por Freud e Abraham, fundamenta-se sobre os tipos de erotismo presentes nas várias fases do desenvolvimento da libido. O conceito kleiniano de ansiedade persecutória e de ansiedade depressiva não se contrapõe à classificação de Freud e de Abraham; antes, integram-se um ao outro.

A fixação a uma fase do desenvolvimento na qual os impulsos orais primitivos estão associados a uma ansiedade persecutória por demais intensa, em geral, conduz cedo ou tarde na vida à instalação dos estados psicóticos. Entretanto, se os sérios distúrbios intrapsíquicos vão de encontro a uma maciça externalização, são realizados crimes de extraordinária violência e destrutividade. Na maioria das vezes, o psicótico se comporta de maneira psicótica, e o delinquente, de maneira delinquente; às vezes, porém, há uma alternância, e o crime tem a função de proteger aqueles que o realizam de uma crise psicótica e de um estado de desintegração, enquanto a contenção de impulsos destrutivos protege a sociedade dos danos do crime. Não é muito claro quais fatores determinam a passagem de um tipo de comportamento ao outro. Parece, todavia, que a destrutividade representa uma externalização do que Freud, em *Além do princípio do prazer* (1920), chamou instinto de morte. A externalização da destrutividade tem um fim imediato, a autopreservação, como se pode bem observar naqueles delitos aparentemente sem nenhum motivo, nos quais a vítima é uma pessoa totalmente desconhecida do homicida. O desejo, que muitas vezes é baseado na oralidade, pode derivar de uma privação real ou de necessidades orais particularmente intensas não satisfeitas. Nos crimes em que há uso de violência, encontramos vestígios da agressividade oral não elaborada, às vezes representados pelas mordidas que os criminosos dão nos mamilos ou no pescoço da mulher. O neurótico controla e anula esses impulsos destrutivos, que, no entanto, podem revelar-se por meio de sintomas ou inibições, reprimindo-os ou separando-os do resto da atividade psíquica, como se vê na anorexia nervosa e em outros distúrbios de alimentação. Outras vezes, o problema se apresenta de forma sexualizada: um exemplo disso é o medo do contato com mulheres, que serve para proteger tanto as mulheres como a pessoa que tem medo.

Uma das características da analidade é controlar e ser controlado, com todas as possíveis variações. Sujar e preocupar-se com a limpeza; apertar e segurar com força; ou jogar fora, abandonar e repudiar, às vezes com desprezo, nojo ou repulsa, são alguns dos traços de caráter que têm sua origem na fase anal. Freud, em 1908, chamou de "tríade anal" os comportamentos de limpeza, ordem e parcimônia; esta pode ser encontrada em pessoas dignas da máxima estima e confiança, mas também em alguns delinquentes. Às vezes, as características da analidade entram em erupção, sem modificações, mesmo durante o ato criminoso, sob a forma de sujar e danificar; essas integram toda uma organização psíquica que faz com que crimes "anais" sejam marcados pela implacabilidade. Trata-se da mesma organização psíquica que torna as pessoas não delinquentes particularmente ativas e tenazes, mas o zelo com o qual, por exemplo, um inspetor de impostos recupera o dinheiro ou a dedicação com que um gerente de banco o controla podem revelar caráteres anais que se manifestam de forma relativamente não delinquente. Entre os criminosos, quem rouba dinheiro são os batedores de carteira, os ladrões, os gângsteres e os golpistas, situando-se entre aqueles que não podem separar-se do dinheiro e os devedores crônicos. A analidade é associada ao sadismo, como demonstra o chantagista, cujos pedidos vêm acompanhados de ameaças.

O caráter fálico é vaidoso, altivo, exibicionista e muitas vezes ousado. O delinquente que apresenta traços fálicos comete seus crimes com aquela audácia que muitas vezes desperta simpatia e excitação no público. Entre os menos "malignos" representantes desse grupo de delinquentes estão os ladrões de automóveis: o roubo de carros tem um caráter fálico. Faz parte dessa estrutura de caráter também a compulsão por destruir ou estragar um sucesso inicial: alguns ladrões de automóveis, por exemplo, destroem o veículo que roubaram, e não porque sejam incapazes de guiar.

Na fase edípica, os distúrbios neuróticos são representados pela histeria, enquanto a criminalidade se manifesta no nível sexual, com o incesto, no qual as pulsões edípicas agem diretamente, e com outras formas de delinquência, entre as quais a bigamia.

Há situações em que o modo neurótico e criminoso de enfrentar as dificuldades da vida se torna muito semelhante. Um exemplo disso são os criminosos que regularmente se certificam de que estão passíveis de serem desmascarados. A compulsão a agir de maneira delituosa pode estar conectada, em um nível inconsciente, a problemas edípicos que têm a ver com a destrutividade, por exemplo, com o fratricídio, com o parricídio ou com outros crimes muito graves. Ser descoberto e punido por uma pequena transgressão cometida no mundo exterior serve para reduzir o sentimento inconsciente de culpa pelos crimes cruéis cometidos na fantasia, como Freud escreveu em "Criminosos em consequência de um sentimento de culpa" (1916). Os modelos de estrutura intrapsíquica de tipo neurótico e delinquencial se mostram nos relacionamentos interpessoais por comportamentos enormemente diversos. Os pontos de contato são, contudo, numerosos, porque ambos têm a mesma origem e atravessam as mesmas fases de desenvolvimento. Para avaliar uma situação corretamente, é necessário não somente ter presente a importância dos fatores constitucionais e ambientais, mas também pensar a neurose e a delinquência como dois estados entre os quais não existe solução de continuidade: um, de fato, invade insensivelmente o outro. A maior parte de nós, embora firmemente ancorada em algum ponto do eixo que, por assim dizer, conecta neurose e delinquência, tem um certo grau de flexibilidade que determinados eventos intrapsíquicos e interpessoais podem romper.

2. A natureza da agressividade[1]

Ser agressivo significa fazer uso da força para exprimir os próprios sentimentos e para alcançar os próprios objetivos. A agressividade é um meio para intimidar, impressionar, manipular e, às vezes, submeter os outros, o ambiente e tudo o que há nele. Nos tempos antigos, o vencido, fosse um ser humano ou um animal, não era inevitavelmente morto, mas tornava-se escravo e submetido ao vencedor, ou servia para novas conquistas. A agressividade, quando é usada para defender a si mesmo, está a serviço da conservação da espécie; quando é usada, como às vezes ocorre, para escapar do perigo, salvar e defender os outros, é expressão de altruísmo. Esses aspectos da agressividade são diametralmente opostos àqueles mencionados há pouco, que consistem em dominar, aniquilar ou se apossar pela força. A agressividade tem, portanto, uma função positiva para o desenvolvimento, mas a sua componente ávida e desejosa pode levar à exploração dos outros para fins egoístas.

---

1 Apresentado em um congresso sobre maus-tratos na infância, em Londres, em 1976.

Além da agressividade que se manifesta sob duas formas, conforme já mencionado, que podem ser definidas como formas normais de agressividade, existe um outro tipo que é essencialmente patológico. Trata-se da agressividade que certas pessoas, nas quais há essa característica de violência e destrutividade, usam como moeda corrente de troca em suas relações interpessoais. Algumas dessas pessoas, depois de terem escondido sua raiva por longos períodos, explodem em um ataque agressivo, desencadeado por razões às vezes justas e às vezes completamente absurdas. É importante notar que a intensidade do ataque vai bem além da provocação que foi a causa imediata. Isso sugere que, no indivíduo, há ancorada em sua psique algo semelhante a uma bomba-relógio que certas provocações podem fazer explodir.

Em que consiste essa alguma coisa que, embora para nós pareça desprovida de importância, pode provocar a explosão? Não é suficiente dizer que a vontade de brigar transforma algumas pessoas em arma; é mais oportuno ver como nasce a vontade de brigar. Quero voltar meu interesse para pessoas cuja agressividade é muito intensa ou "estranha" ou, de uma forma ou de outra, fora do lugar, e especialmente para aquelas em que o comportamento agressivo, que parece ser parte integrante de seu estilo de vida, pode ser substituído por tratativas e negociações que geralmente ocorrem por meio do discurso. Essas pessoas não parecem conhecer a troca, dar e receber, em que se atua por meio de processos verbais, de modo que seus relacionamentos, em geral, se baseiam no confronto físico. Se não conseguem submeter e dominar outros por serem mais fortes, seguem-nos passivamente. O princípio sobre o qual se apoia esse tipo de comportamento é ilustrado no ditado "a razão é do mais forte". Também frequente é a intolerância com toda diferença e a consequente negação de qualquer interação que permita integrar um compromisso aceitável entre ambas as partes. A lei é: controlar ou ser controlado. Trata-se de pessoas autoritárias, mas não necessariamente perversas, e que frequentemente enfrentam crianças com grande zelo punitivo. O fervor com que perseguem seu objetivo pode levar a atos cruéis e maus-tratos para pôr fim a comportamentos irritantes de crianças que estão perturbadas ou incapazes de obedecer. O problema está na atitude de retidão moral assumida pelos pais (ou outra autoridade), por estarem convencidos a dar punições terríveis para a criança apenas para seu próprio bem. Às vezes, o aumento da agressão excita tanto o adulto quanto a criança a qual, por isso mesmo, provoca e desafia continuamente. Se a excitação tem um componente sexual, um dos dois corre um risco calculado, enquanto o outro faz o jogo do gato com o rato; o jogo se torna mais e mais perigoso até que a vida esteja em perigo.

As ações provocativas que mantêm o progressivo crescimento desse tipo de violência podem se dever ao desprezo pelas regras morais de comportamento ou à desobediência, que se manifesta, por exemplo, com o furto.

Às vezes a criança é gananciosa e exige muito dos pais, mais do que eles podem dar e mais do que ela tem necessidade de receber. Os pedidos de comida, brinquedos, dinheiro, privilégios ou afeto podem ser feitos quase exclusivamente a uma pessoa, que é mais frequentemente a mãe, ou a todos os membros da família e especialmente aos irmãos, e a demanda não satisfeita gera uma agressividade que cresce até se tornar uma violência espantosa. Em um esforço para enfrentar a situação, os pais, ou aqueles que detêm a autoridade, às vezes se comportam de forma violenta e punitiva: eles esperam impor limites à criança e, portanto, não mais sentir isso como uma ameaça. Há casos em que são os genitores ou os professores que são ávidos, e a criança perfeitamente normal é punida porque não satisfaz suas ambições. Vem-me à mente uma garotinha que, treinada por seu pai, que queria fazer dela uma campeã de natação a todo custo, desmaiou e morreu após ser forçada a treinar muito intensamente, embora estivesse doente. A ambição desenfreada do pai, que queria fazer de sua filha uma nadadora prodígio, ofuscou sua capacidade de perceber as necessidades, os direitos e os limites de sua filha. Às vezes, os pais expressam sua ganância levando seus filhos a rivalizar e competir uns com os outros, estimulando assim suas tendências agressivas e cruéis. A ganância dos pais, percebida pela criança como a causa de toda a privação, pode levar à violência por parte de um ou de outro: quando as crianças atacam seus pais e se sentem ameaçadas, a violência que explode pode levar, num crescendo contínuo, até a matança dos mais fracos.

A inveja é muito mais perigosa que a ganância. As demandas da pessoa gananciosa por seus objetos, pais ou seus substitutos, certamente são exageradas e fora de lugar, mas baseadas em certo tipo de amor e na necessidade de cada vez mais indicar que algo de bom existe. Já a inveja, como escreveu Chaucer no século XIV, é o mais mortal de todos os pecados mortais, porque ataca e destrói tudo aquilo que tem um certo valor. O invejoso se enfurece contra o objeto bom pelo simples motivo de ser bom e poder lhe dar alguma coisa. Ele morde a mão que o alimenta e destrói os esforços mais generosos que lhe trazem ajuda.

A criança geralmente espera receber uma punição quando se comportou mal, cometeu uma falta ou contou uma mentira, e na maioria das vezes tolera a punição se ela serve para expiar a culpa e é seguida por perdão e reconciliação. Mas se, após a punição ter sido infligida, sempre se fizer referência ao que aconteceu, com alusões, críticas incessantes e censuras, pode surgir uma rebelião que às vezes leva a um ato delinquente. Às vezes as autoridades – e entre essas os pais – são tão invejosas que se aproveitam do arrependimento do jovem e punem aquele remorso construtivo que, se encorajado, poderia ser muito útil tanto para o indivíduo como para a sociedade. A iniquidade que o adulto invejoso frequentemente usa para colocar na berlinda a criança invejosa, ou vice-versa, pode terminar em um êxtase destrutivo; independentemente de quem tenha iniciado o mecanismo, o contínuo aumento da violência pode conduzir, na verdade, a espancamentos, danos, mutilações ou mesmo a mortes, geralmente do mais fraco e menor. É difícil estabelecer quem foi o primeiro responsável pela deterioração das relações interpessoais porque há uma constante troca de projeções violentas. É muito usado o mecanismo indicado por M. Klein com o termo "identificação projetiva", que consiste na cisão, na projeção e na introdução forçada de parte de si em uma outra pessoa que é atacada porque a contém. Trata-se de um uso patológico daquele mecanismo psíquico inconsciente, daquela modalidade de comunicação que pode ser denominada "identificação projetiva normal".

Muitas vezes a erupção da agressão deve-se ao bloqueio da comunicação. Assim como os pais podem impedir a comunicação de seus filhos, também as crianças podem frustrar os pais em suas tentativas de se comunicar com elas, ou por uma vontade específica, ou pela atividade de mecanismos inconscientes, ou quando, por acaso, os problemas pessoais são um obstáculo à capacidade de se comunicar. Às vezes a criança tem uma dor tão grande e se sente tão perseguida que não pode descrevê-la com clareza e, sem querer, trai enganosamente os pais. Há também casos em que a dor está localizada em uma parte do corpo distante daquela que realmente dói, talvez por causa da prevalência do desejo de negar sua existência. Conheço pais que, enganados por muito tempo por remoções e negações desse tipo, demoraram a solicitar a ajuda necessária, com sérios riscos para o filho.

Acredito que podemos ter como certo que em cada um de nós existe um componente agressivo; o problema consiste em estabelecer de que maneira ele está ligado a outras partes do *self* e de que modo age, ou induz a agir, quando estamos em um pequeno grupo ou em um contexto social mais amplo. O componente agressivo, que pode ser mais ou menos desenvolvido, às vezes tem a função de conservar as imagens internas boas, representadas no mundo externo por pessoas boas, causas meritórias etc.; às vezes, serve para defender as partes más e indesejáveis de si e fazer de modo que essas possam se expressar no mundo externo sob a forma de ações cruéis, ávidas ou destrutivas. A situação se faz mais complexa quando "métodos maus" são empregados para perseguir objetivos bons. É particularmente árduo tratar as pessoas que agem da forma descrita porque elas se sentem justas, e é difícil mostrar a elas o significado de suas ações enquanto elas estão sendo feitas.

Quem se comporta de modo destrutivo torna-se psiquicamente sempre mais instável e é reduzido ao isolamento de sua própria destrutividade: de fato, às vezes aumenta sua violência, outras vezes é sua paranoia que se manifestaria sob a forma de sentimento de culpa se seus sentimentos não fossem projetados sobre os outros. Mais precisamente, sua repetida projeção no mundo exterior significa que as tendências hostis inerentes à sociedade, à polícia, são estimuladas cada vez mais, de tal modo que perseguições reais e concretas são atraídas para si, além de outras perseguições que derivam das imagens internalizadas pelo agressor. Isso faz com que os componentes agressivos externos e internos se reforcem mutuamente. Esse processo poderia ser chamado de "a brutalização do agressor solitário".

Se os ataques destrutivos são realizados por um grupo de pessoas, cria-se uma situação um tanto diferente, porque indivíduos semelhantes compartilhando o mesmo propósito tendem a dar ao grupo uma coesão particular que o isola do resto da sociedade. A coesão é baseada na ideia de que tudo aquilo que pertence ao grupo é bom, enquanto a sociedade, sobre a qual é projetado tudo aquilo que não é bom, é má. Por essas razões, o grupo agressivo é capaz de operar muito mais longamente do que o agressor solitário. Quando os fenômenos desagregadores aparecem no grupo, um regime absolutamente brutal é estabelecido, cujas características são a crueldade e a violência das medidas tomadas para manter a coesão do grupo e para trazer de volta à massa os potenciais desertores, que são confrontados com a seguinte alternativa: ou adequar-se às regras do grupo ou ser eliminado (não raro isto significa ser morto).

Enquanto o comportamento de um dos pais ou seu substituto em relação às crianças pode ser semelhante ao do agressor solitário, o comportamento da família ou instituição, que geralmente elege o doente como seu líder, pode ser semelhante àquele do grupo criminoso. Em certas circunstâncias, as famílias funcionam como gangues e, assim, escolhem de modo completamente inconsciente uma vítima, que frequentemente é uma criança ou o mais fraco entre os familiares e que se torna alvo de todas as projeções do grupo. Para esclarecer esses conceitos, descreverei o caso de uma família violenta cujos membros, que dividiam a ideia delirante de serem aristocráticos e de origem nobre, tinham derramado sua patologia na filha mais velha, que agia como uma deficiente intelectual com consideráveis dificuldades de aprendizado: nem sequer aprendera a ler e a escrever. Ao deixar a família e ir para um centro residencial para adolescentes, em poucos meses, de repente, descobriu que, no novo ambiente, podia aprender a ler. A família era composta de um pai afetuoso, mas violento e de humor extremamente variável; uma mãe fria, distante, hipercrítica e orgulhosa; um irmão maior e um irmão e uma irmã menores. No decorrer da psicoterapia à qual a menina foi submetida, aparece claramente que as possibilidades de sucesso terapêutico são pequenas. O exame retrospectivo do caso levou à conclusão de que a resposta ruim ao tratamento devia-se à família, que havia assumido, por mecanismos amplamente inconscientes, a tarefa de desmantelar tudo o que era positivo na terapia da menina, de modo que ela era constantemente e regularmente recolocada na posição de bode expiatório. Muitas vezes a mãe pedia para falar com o terapeuta para reclamar sobre a falta de melhora da filha ou para saber quando o tratamento começaria a fazer efeito, como se a cura só viesse a ser possível quando o terapeuta encontrasse a palavra mágica. Por fim, logo após uma pequena melhora conseguida apesar dos ataques furiosos da família, houve uma recaída catastrófica: a paciente parecia ter retornado ao ponto de partida ou estar ainda pior. Vimos a saber que seu pai, arranhado pelo gato a quem sua filha era afeiçoada, pegara o animal pelas patas traseiras e fraturara seu crânio, arremessando-o contra a parede do quarto da filha, em sua presença. Após esse episódio, toda melhora obtida foi anulada por eventos catastróficos na família, como uma séria lesão na cabeça sofrida por sua irmã devido a uma estranha queda de um cavalo que até então sempre fora dócil e um trágico acidente de carro sofrido pelo irmão mais velho, que também era um motorista muito habilidoso. Não é necessário entrar em mais detalhes para perceber que essa experiência, frustrante e falha no nível terapêutico, mostrou que a família deveria ser tratada em conjunto, uma vez que um membro estava suportando o peso paralisante das projeções de todos os outros. Quando uma criança pequena, que talvez não tenha sido desejada, torna-se o bode expiatório de uma família perturbada, sua saúde mental e até mesmo sua sobrevivência física correm sérios perigos. O relacionamento que o pai cruel tem com o filho que maltrata com frequência constitui somente a parte visível do *iceberg*; a parte invisível situa-se no inconsciente de um membro da família, ou é repartida entre todos os membros, ou é concentrada em um pai que atua de modo concreto as fantasias que divide com todos os outros membros.

Às vezes as crianças perturbadas tentam atenuar e minimizar os penosos sentimentos inconscientes de culpa derivados de fantasias e ações secretas, de modo a atrair sobre si mesmas as punições cruéis dos pais ou outros membros da família. A interação que frequentemente se estabelece entre fantasia e impulsos do agressor, de um lado, e a necessidade da vítima, de outro, pode permanecer em silêncio por um longo tempo e, de repente, explodir em episódios cruéis; mas, se é ativa, está sujeita a um controle muito rigoroso que, se liberado, permite a erupção da violência.

A pergunta a fazer é: por que a violência às vezes parece não exceder certos limites, enquanto em outros momentos ela aumenta mais e mais de intensidade? Às vezes, depois de ter se manifestado de maneira explosiva, parece se comportar como a onda que quebra sem causar danos na praia arenosa e depois recua, enquanto, outras vezes, assemelha-se a um *tsunami* que cresce em etapas sucessivas e submerge tudo, causando uma terrível catástrofe. Quase sempre, depois de ter realizado atos cruéis, o agressor percebe o dano e é capaz de sentimentos saudáveis de culpa e remorso que, se suficientemente intensos, reduzem lentamente a onda de crueldade. Entretanto, em um número pequeno, mas extremamente perigoso, de casos, algo diferente acontece: o desejo de observar a vítima ferida ou de ver nela a representação mental do dano que ele gostaria de infligir a ela estimula o agressor a renovar seus ataques. Os processos que ocorrem no agressor podem ser assim delineados: a visão do dano o atinge e o alarma; ele começa a sentir um remorso doloroso que é imediatamente percebido como intolerável e que determina a passagem de um estado psíquico caracterizado pelos sentimentos mais avançados de depressão para outro, caracterizado por uma sensação de crescente perseguição. É nesse ponto que os olhos da vítima são experimentados como um instrumento que penetra no agressor, acusando-o.

Para pôr fim a essa situação, vítima de um estado de espírito fundamentalmente paranoico, ele novamente ataca a vítima e, às vezes, continua a se enfurecer até matá-la; às vezes vai além e a desfigura para torná-la irreconhecível, ou a destrói completamente. Na obra teatral de Peter Shaffer, *Equus* (1976), essa patologia é representada com clareza: o protagonista se enamora de uma jovem e, enquanto se relaciona sexualmente com ela nos estábulos, os cavalos que ele amava e com quem tinha uma relação sexual perversa dão coices. Ele, então, pensa que não foi fiel a eles e se imagina olhado por eles com desaprovação. Incapaz de suportar esse sentimento, ele os ataca e os cega.

Não lidei com aquela agressividade fundamentalmente de tipo sádico, cuja finalidade é o prazer que o sujeito alcança por meio dos sofrimentos do objeto. O prazer aumenta quando a vítima mostra sinais de tormento. Em algumas famílias, às vezes um dos pais se comporta de maneira sádica com seus filhos e, dessa maneira, é semelhante àqueles diretores de escola que sentem prazer em punir seus jovens estudantes. É importante reconhecer que o prazer derivado da crueldade é sempre sexualizado: acima de tudo, a excitação sexual faz com que o comportamento sádico se repita. O papel das vítimas de maus-tratos ou lesões mais graves, que em muitos casos são masoquistas, é complicado. De fato, o masoquista tem prazer, em grande parte de natureza sexual, em sofrer dor. O par de opostos que acabamos de descrever, o sádico e o masoquista, está ligado ao par de opostos sexuais, macho e fêmea: os homens são mais frequentemente sádicos, e as mulheres, mais frequentemente masoquistas. É raro que o acoplamento entre agressor e vítima dependa apenas do acaso: as pessoas tendem a escolher uma ou outra por motivos e propósitos precisos, mesmo que geralmente inconscientes.

Para remediar, tanto quanto possível, os danos infligidos à vítima, os agressores projetam e realizam atos reparadores. O processo reparativo segue seu curso somente se a dor da culpa e o remorso pelos danos causados puderem ser tolerados por períodos bastante longos. Se o remorso e a culpa são convertidos inconscientemente e de modo automático em sentimentos persecutórios, a vítima, e não o objeto da atividade reparatória, torna-se alvo de novos ataques.

As consequências dos danos causados pela agressividade desse tipo de pessoa são extremamente alarmantes. É necessário sublinhar que, pelo menos em parte, o dano subsequente é por vezes causado à imagem, à representação mental que o agressor tem da vítima. Esta pode ser atacada imediatamente, ou, às vezes, mesmo depois de vários anos.

É de se perguntar por que as pessoas se tornam tão diferentes ao se comportar e agir de maneira diametralmente oposta. De fato, enquanto alguns têm dentro de si algo que, seja qual for a provocação, é capaz de limitar a agressão, outros, em vez disso, não o possuem e se tornam cada vez mais agressivos. A fronteira entre os dois extremos não é clara, mas se assemelha a uma água que se espalha. A pergunta então se transforma: pode o comportamento diferente ser reconduzido de volta a uma situação ou fase do desenvolvimento da infância ou da juventude que, se abordada satisfatoriamente, possibilita deter a agressividade? Se não é feita nenhuma elaboração, pode-se dizer que talvez faltem os meios para circunscrever a agressividade, como se observa em pessoas nas quais ver e perceber o dano infligido à vítima constitui um estímulo para causar mais danos?

3. Crueldade[1]

Já foi dito que os criminosos não têm consciência e não são capazes de distinguir entre o bem e o mal. M. Klein enfatiza a imprecisão dessas declarações e argumenta que o delinquente tem uma consciência composta de figuras internas autoritárias, primitivas, cruéis e selvagens.[2]

A quantidade de culpa que cada um de nós pode suportar tem um limite, o qual, se excedido, faz o senso de responsabilidade e de dever, ligado à posição depressiva, ser substituído por ideias persecutórias. O acúmulo de acusações passíveis de serem toleradas varia de pessoa a pessoa e de momento a momento. Alguns toleram reprovações desde que sejam sentidas como justas, desde que a autoridade externa e a interna, a consciência, estejam fundamentalmente de acordo. Quando isso não acontece, o limite de tolerabilidade é superado e então a ansiedade depressiva é substituída pela persecutória. A diferença entre esses dois tipos de ansiedade é enorme,

---

1 Contribuição para um grupo de trabalho sobre o tema "Crueldade e comportamento cruel". King's College, Londres, 1966.

2 Ver, de M. Klein, *Tendências criminosas em crianças normais* (1927) [N.T.].

e é bem diversa a influência que cada um deles tem sobre o crescimento e sobre o desenvolvimento afetivo. A ansiedade persecutória faz com que a pessoa obedeça por medo, nunca por amor; a ansiedade depressiva, ao contrário, permite, como disse Bion, aprender da experiência. A estranha e complicada civilização dos maias chegou à autodestruição porque os rituais e os mecanismos sobre os quais foi fundada tinham como único propósito satisfazer divindades selvagens.

Outro mecanismo mental de importância básica na compreensão da crueldade é a cisão. Pode acontecer que um indivíduo tenha aspectos de caráter tão diferentes que colocam em dúvida que todos esses aspectos possam pertencer à mesma pessoa. A cisão é diferente da repressão; os dois mecanismos podem estar simultaneamente presentes ou agir separadamente, de modo que um aspecto do eu é cindido, mas não reprimido, ou é cindido e então reprimido. O retorno à consciência de pensamentos e conflitos reprimidos sempre envolve um estado de ansiedade; a ansiedade, em contrapartida, pode estar ausente se uma parte separada da personalidade voltar a entrar em curto-circuito no ego. Esse movimento psíquico entre partes cindidas do eu às vezes acompanha um período de confusão.

Quando o sentimento de culpa age sobre uma estrutura de caráter que não é capaz de tolerar a dor psíquica que esta provoca, intervém a repressão, ou a cisão, ou mecanismos maníacos, ou uma combinação deles. Em geral o neurótico reprime quando não lhe é possível enfrentar; se o grau de repressão é elevado, verificam-se consequências psíquicas que vão além do tema deste breve trabalho e com as quais, portanto, não lidarei. O processo de cisão pode ser múltiplo, superficial ou profundo e variar de momento a momento. A cisão profunda, às vezes, resulta em uma duplicação da personalidade, uma parte das quais pode ser semelhante ao Mr. Hyde, a outra ao Dr. Jekyll. As defesas maníacas se valem de mecanismos de cisão, identificação projetiva, idealização e negação com controle onipotente de objetos, sejam estes pessoas, suas imagens internalizadas ou ambos. Os processos de cisão que operam nas defesas maníacas diferem daqueles dos estados mais claramente esquizo-paranoides, dado que são mais bem estruturados e organizados. O resultado da cisão é a multiplicidade das relações objetais. Se se faz uma cisão entre figura idealizada e demoníaca, uma pessoa, mediante mecanismos projetivos, pode ser vivida como totalmente má e, assim, ser atacada. Se, em vez disso, as figuras demoníacas são mantidas dentro de si, o indivíduo pode ter um comportamento sádico frente aos outros ou atacar o demônio dentro de si e suicidar-se. Quando a divisão é entre um ego criminoso e um ego não criminoso, pode haver uma alternância de comportamento. Às vezes a parte cindida, depois de ser mantida afastada por muito tempo, explode de repente e violentamente sob certas circunstâncias. Frequentemente a explosão se verifica quando a energia que serve para o controle se reduz em virtude de um estado de fragilidade física ou psíquica, uma doença, um incidente, um luto ou outras situações dolorosas. Um exemplo pode ajudar a entender isso melhor. Um jovem que nunca foi violento um dia teve fome ao desertar do Exército. Viu uma mulher de meia-idade e decidiu roubá-la, mas, antes de pegar o dinheiro, atingiu-a com força com um pedaço de pau. Durante o tratamento psicoterápico, ele se lembrou de um episódio muito chocante que havia esquecido totalmente: uma briga entre os pais na qual seu pai havia batido com violência em sua mãe. Um outro jovem, enquanto o pai estava morrendo de câncer, saiu com um grupo de amigos e roubou um passante que depois morreu em decorrência do ataque. Recordo-me de ter conhecido, quando prestava serviço ao Exército, um homem que havia matado seu oficial; no momento do crime, o agressor incubava uma grave infecção por malária.

Quando a ansiedade depressiva não pode ser tolerada e se torna ansiedade persecutória, às vezes, ocorre uma mudança adicional no estado psíquico: em consequência dos mecanismos maníacos, toda a preocupação com os outros desaparece e surge uma forma de dureza mental, muitas vezes acompanhada de crueldade, que pode ser dirigida para o eu e levar a atos masoquistas, ou ser dirigida a outras pessoas, animais ou coisas e levar ao sadismo, à destrutividade ou a ambos. Este "não me importa nada de nada" não é indiferença, é total intolerância, completa negação de interesse pelos outros, que normalmente vem acompanhada por uma atitude responsável e moderada; é um desenfrear de crueldade e violência, enquanto sentimentos de piedade foram cindidos ou negados. Quanto mais o comportamento, livre do freio da compaixão que bloqueia a destrutividade, se torna frenético, mais cruéis se tornarão as ações criminosas realizadas nesse estado mental.

A capacidade de manter um contato com a realidade varia muito de pessoa a pessoa e até mesmo de momento a momento na mesma pessoa. Os acessos cruéis, destrutivos e violentos, sobretudo aqueles que se manifestam na esfera sexual, podem ser parte integrante da vida de um indivíduo, mas também representar algo cindido que vem à luz somente em determinadas circunstâncias, por exemplo, em seguida a uma provocação específica. Conheci um homem que cometia atos cruéis unicamente quando sofria uma afronta e se sentia humilhado; a vítima não era quem o ofendera, mas uma pessoa mais fraca com quem ele se identificava. Como agressor, ele fazia com que a vítima sofresse muito mais do que ele próprio sofrera; sua punição era muito mais severa. No entanto, ele não perdia o senso de realidade, exceto nessas circunstâncias. Para se ter uma ideia da diferença entre a fantasia do que ele queria fazer com a vítima e o que ele realmente fazia, apenas pense que, embora a fantasia fosse matar e estripar um rapaz, na prática ele se limitava a dar um soco nos testículos. Quando aquele urrava de dor, ele fugia.

Muitos atos cruéis são representações mitigadas de uma fantasia terrível que faz parte de um sistema mais amplo de crueldade.

Às vezes, porém, a fantasia é posta em prática sem sofrer modificações, em todo o seu horror. Nesses casos os elementos maníacos, muito fortes, se associam à desvalorização e ao desprezo de outros, que são tratados como se fossem objetos sem vida.

O interesse mórbido que alguns têm por leituras sádicas – por exemplo, pelo marquês de Sade – deriva da exibição maníaca da mais absoluta falta de qualquer sentimento de piedade; as vítimas são seduzidas pelo engano, são afetadas em suas fraquezas e submetidas a torturas sempre mais cruéis. Até mesmo a crueldade sexual parece basear-se nos mesmos fatores cuja origem é encontrada, pelo menos em parte, nas defesas maníacas. Estas são tipicamente dirigidas contra sentimentos de ternura e compaixão, contra a necessidade de amor não correspondido e também contra a preocupação com as partes nobres e humanas de si mesmo e dos outros, em última análise, contra qualquer coisa que possa causar dor psíquica. As defesas maníacas também protegem das sensações penosas de pobreza intelectual, de raro senso estético, inépcia, incapacidade de se comportar adequadamente e inadequação em competir com os outros: o que não é bem-vindo é negado, o que é desagradável é idealizado e o objeto é dividido em bom e mau. O grau de integração, no entanto, é maior do que aquele que caracteriza a patologia da posição esquizoparanoide, na qual os mecanismos de cisão são mais intensos. Os objetos são manipulados na tentativa de controlá-los de modo onipotente: se eles se rebelam, são atacados com desprezo; se eles desistem de sua liberdade, esta será reduzida cada vez mais, até que eles também acabem sendo alvo de escárnio e desprezo. No crime a que me referi há pouco, a vítima que se resignou foi tratada com absoluto desprezo; aquela que opôs resistência foi freneticamente atacada e morta da maneira mais cruel.

A crueldade é parte integrante das fantasias que acompanham as perversões sexuais; estas são fantasias muito perigosas porque, se forem realizadas uma vez, provavelmente serão repetidas. Para compreender a crueldade sexual é necessário trazer à luz toda a gama de fantasias inconscientes que levam ao orgasmo; quase sempre se repete a mesma fantasia masturbatória cruel que representa e exprime a perversão. Certamente, pode-se afirmar que, quando a sexualidade se aproxima da norma, mesmo que nas fases que precedem o ato sexual tenha havido algumas manifestações agressivas em um nível simbólico, o amor e a ternura acabam prevalecendo. Se, ao contrário, o componente cruel não consegue ser mitigado, mecanismos de cisão intervêm, e o indivíduo se comporta como se nele agissem duas pessoas bem distintas: uma plena de amor e de atenções, outra brutal e carregada de ódio. Às vezes o objeto desses dois comportamentos é o mesmo, em outros casos a crueldade é reservada a uma pessoa e a gentileza a outra. É bastante comum encontrar um homem que, embora maltrate a esposa, é terno com a amante ou que, embora afetuoso, mas quase impotente, com a esposa, torna-se potente e cruel com uma prostituta. Se os componentes agressivos e afetivos do amor permanecem separados, a situação é perigosa: uma vez que a agressão e a crueldade derivam do instinto de morte e o amor e a compaixão, do instinto de vida, um dia ou outro pode explodir um episódio de violência e um assassinato pode ser realizado contra a pessoa à qual é dirigida a crueldade. Vou esclarecer o que estou dizendo com um caso clínico, o de um homem sádico que conseguia obter mulheres que se submetiam aos seus desejos cruéis ou se voltava para prostitutas especializadas nesse tipo de perversão. Seu sadismo consistia em criar uma situação cada vez mais arriscada: despia e amarrava a mulher, depois a chicoteava e espetava-a com um feixe de urtiga; em seguida a humilhava sempre da mesma maneira. Nesse momento a liberava e tinha com ela uma relação sexual completamente normal, desprovida de crueldade;

antes, era uma questão de honra fazê-la gozar o máximo possível. A passagem da crueldade à gentileza que caracterizava cada relacionamento seu com as mulheres podia surgir só depois de ter revivido uma situação homossexual infantil em que, após ser tratado com maldade, recebia grande atenção. Deve-se notar que, como vítima, ele havia se tornado um agressor, de passivo a ativo, de homossexual a heterossexual. Foi forçado a repetir infinitamente a mesma cena extremamente perigosa, a cena da vítima sofrendo penalidades indescritíveis, e o fez porque precisava se sentir capaz de trazer a situação de volta à normalidade. Perder o controle para depois alcançá-lo é uma defesa contra a dolorosa situação de não ter nenhum poder sobre a realidade. O problema é que a técnica do risco calculado é sempre carregada de perigos: antes ou depois, pode acontecer que a vítima sofra demais e morra, ou também que os impulsos agressivos e violentos não possam ser controlados e irrompam em um louco frenesi de crueldade. Foi provavelmente o que aconteceu com Heath[3] quando de seu primeiro assassinato de uma jovem prostituta, seguido pelo assassinato extremamente cruel de uma outra jovem.

Às vezes a crueldade está presente nas pessoas não num estado livre, mas associada a momentos particulares de fraqueza psíquica nos quais pode se libertar, como durante um luto ou após uma afronta ou uma recusa. Então, pode ocorrer uma verdadeira erupção de crueldade que às vezes encontra seu objeto na pessoa responsável pela lesão, outras vezes, em uma pessoa totalmente estranha. O motivo aparente da crueldade é a vingança, mas o verdadeiro motivo é a impossibilidade de suportar uma situação interna extremamente dolorosa. Quanto menor é o senso de realidade do criminoso, tanto maior é a procura de alívio imediato e o desinteresse pelas consequências de suas ações. A esse respeito, lembro-me de um homem

3 Famoso criminoso inglês [N.T.].

que tinha uma amante que, embora amasse, tentava esquecer porque era casado. Um dia, em uma crise de paranoia, o homem a matou. Embora, do ponto de vista clínico, não se pudesse dizer que ele fosse insano, faltava-lhe o contato necessário com a realidade para entender as razões da amante e perceber o quanto eram injustas as suas solicitações. Em vez disso, ele dera vazão à sua própria crueldade, primeiro verbalmente e depois materialmente, atirando nela.

A crueldade para com os animais é tão comum quanto a crueldade para com os humanos; os mesmos mecanismos psíquicos estão envolvidos. É, de fato, um mecanismo maníaco que permite racionalizações do tipo: "Oh, eles são apenas animais!". Os caçadores, entretanto, costumam dizer que a raposa se diverte ao ser perseguida tanto quanto eles se divertem ao persegui-la. O animal que caiu nas mãos de uma pessoa que tenta, sem sucesso, exercer controle onipotente sobre ele muito provavelmente será selvagemente torturado em represália. Os animais podem substituir seres humanos. Um homem que costumava ser gentil e educado uma noite estrangulou um gato porque, à meia-noite, ele "fazia balbúrdia" com outros gatos. Às vezes a provocação do animal é uma desculpa para fazer explodir a própria violência e brutalidade. Um rapaz, em uma casa de correção, havia chutado um porco para matá-lo como vingança por um chute que o porco lhe dera. Outro garoto, despertado pelo grunhido de dois leitões recém-nascidos, esmagou suas cabeças batendo-as uma contra a outra.

Às vezes parece que a crueldade não tem nenhuma justificação aparente, parece brotar do nada. Ainda assim, se dedicarmos tempo suficiente ao problema, é quase sempre possível voltar à constelação inconsciente que é responsável por ela. Às vezes, o verdadeiro significado do ato cruel está em seu valor simbólico. No caso Hanratty, por exemplo, um homem e uma mulher foram sequestrados por um jovem que, após ter se rebelado contra eles com grande crueldade, matou o homem e depois tentou violentar a mulher;[4] a natureza edípica do crime é óbvia. Também de natureza edípica é o crime de Gravesend:[5] um casal de jovens foi forçado, sob a ameaça de uma arma, a entrar no bosque, e então foi morto. Após o delito, o assassino amputou ambos os seios da moça e os levou consigo. Nesse caso, o ciúme pelo casal desencadeou um ataque de inveja frenético com um forte componente homossexual, na verdade o que o agressor realmente queria possuir eram os seios da mulher.

Uma análise paciente e minuciosa de um sonho me permitiu jogar luz sobre um episódio de violência considerada injustificada até então e talvez devida à epilepsia. Um homem agrediu violentamente uma jovem mulher, uma prostituta local, e depois se esqueceu disso, mesmo sabendo, de algum modo, que devia ter cometido o crime. O que foi reprimido da maneira mais completa foi que a mulher o humilhou, ofendeu seus pais e também o deixou furioso, excitando-o sexualmente e depois o recusando. Incapaz de colocar um freio na explosão de raiva que experimentou como absolutamente inaceitável e alheio à sua personalidade consciente de um homem calmo e pacato, ele conseguiu se libertar de toda a lembrança do que havia acontecido. Em um outro caso, um homem, que normalmente era uma pessoa tranquila, enquanto comprava alimento de uma mulher que tentava enganá-lo, alucinou a partir dela o rosto de sua esposa que conseguira enganá-lo no casamento; o homem então esfaqueou a mulher com a faca com a qual ele aparentemente

4 Famoso criminoso inglês, James Hanratty foi julgado culpado pelo sequestro de um homem e sua amante e por tê-lo matado e tentado estuprá-la. Hanratty foi condenado à forca. Após sua morte, o caso foi reaberto, pois foram encontradas evidências que lançavam dúvidas sobre a possibilidade de que ele houvesse cometido o crime pelo qual havia sido condenado. Foi também após esse caso que a pena de morte foi definitivamente abolida na Inglaterra (1969).

5 Cidade na foz do Tâmisa.

estava descascando uma maçã. Esse crime foi tão estranho que ele conseguiu apagá-lo da memória consciente.

Quando é crônica, a crueldade tem características diferentes. Aquele que se comporta de maneira cruel em relação aos outros ou aos animais sempre, dia após dia, atribui ao objeto de sua crueldade aqueles personagens que ele odeia em si mesmo e resolve o problema da perseguição interna em razão de um superego violento que não lhe dá paz, projetando numa vítima, que depois pune com tortura física ou mental, aquilo em que ele mesmo se sente atacado. Um alto oficial da Segunda Guerra não suportava ver o seu macaco, ao qual era afeiçoado, masturbar-se e procurava impedi-lo de todos os modos quando isso acontecia. Um dia, não conseguindo, abateu-o com o revólver. O macaco representava o oficial mesmo, e o assassinato, que para aqueles que o assistiram pareceu cruel e estranho, foi, na realidade, um suicídio realizado por meio de um mecanismo projetivo. Depois de ter assassinado a ingênua e amada besta, o oficial se tornou depressivo por diversas semanas; o mecanismo maníaco não havia alcançado seu objetivo.

Um sádico encontrou como companheira uma mulher masoquista contra a qual não tinha nunca realizado um ato de crueldade: tudo, de fato, era vivido no nível verbal e mímico. A fantasia que era representada era aquela de um horrendo delito: com uma grande faca de açougueiro, o homem tocava o corpo da mulher, estando bem atento a não fazer nem ao menos um arranhão. Sem esse horripilante ritual, nenhum dos dois conseguia chegar ao orgasmo. O controle da situação era perfeito, mas havia grande perigo, pois os impulsos destrutivos poderiam surgir a qualquer momento e acionar a passagem para a ação.

Numerosos são os fatores que intervêm no desejo de estragar, destruir, fazer sofrer a vítima com extrema dureza e com indiferença: a inveja por todas as coisas boas que possui, por seu bem-estar, por sua beleza ou por qualquer outro de seus dotes, sentimentos de inferioridade que estimulam a maldade e o desprezo. Um rapaz de um instituto de correção estava preso como castigo em um quarto. Seus companheiros foram ao encontro dele para levar tabaco, mas também para atormentá-lo. Em uma fúria violenta, ele se atirou contra eles com um bastão, ferindo com gravidade os olhos de um deles.

Outro tipo de crueldade é aquele ligado ao reviver, com um papel invertido em relação ao original, um trauma infantil. Um exemplo disso é o homem mencionado há pouco: seu sadismo consistia em representar uma situação inversa àquela vivenciada na infância, durante a qual ele fora objeto de ataques dolorosos e essencialmente homossexuais. Nesses casos é possível traçar episódios infantis, singulares ou repetidos, caracterizados por um estado de impotência da criança, forçada a sofrer sem poder se rebelar. Parece que o sofrimento é internalizado, cindido e, portanto, "recolocado" em um recesso mental. Se, por circunstâncias especiais, ele é "movido", toda a tragédia é representada no mundo externo, de modo invertido.

Parece-me que seja útil tentar uma classificação da crueldade. É essencial distinguir a crueldade que visa atacar o que é mau em outros da crueldade dirigida contra o que é bom. No entanto, os mecanismos projetivos e introjetivos complicam tanto a situação que muitas vezes é difícil traçar as causas que inicialmente desencadearam a crueldade. Outra subdivisão é de tipo quantitativo e se fundamenta sobre o grau de crueldade. Que propósito a pessoa cruel estabeleceu para si mesma? O controle e a dominação do objeto, que esmaga e retira todo o valor, ou sua destruição total? Em outras palavras, a morte do objeto é o objetivo final da crueldade? Não estou me referindo apenas aos criminosos, mas também à autoridade maligna, cruel e, muitas vezes, assassina.

Os atos cruéis são de uma variedade sem limites e, por uma gama de infinitas variáveis, vão das mais leves às mais graves, alcançando o assassinato e até a aniquilação da vítima. A crueldade pode ser usada para colocar à prova o objeto, para ver se se torna mau, ou, nos casos extremos, se morre: é torturado tanto quanto possível, mas não morto. O drama que se desenvolve no mundo externo é consequência da situação interna absolutamente incontrolável que se cria quando as imagens de entes queridos sofreram, de repente, um ataque que as destruiu: a vítima é a mesma pessoa amada ou, mais frequentemente, uma pessoa que a representa. Quando a morte constitui o fim último da crueldade, é frequente que atos simbólicos consigam, por um longo tempo, substituir o crime; porém, resta sempre o perigo de que eles não sejam suficientes. Se o impulso homicida se exprime por um mecanismo projetivo, um assassinato é cometido; se por um mecanismo introjetivo, é cometido um suicídio. A crueldade que deriva da presença no próprio mundo interno de objetos cruéis introjetados por meio de penosas experiências infantis não metabolizadas é muito parecida com aquela que tem origem na atividade da "constelação de morte",[6] porém, enquanto no primeiro caso a crueldade pode ser contida dentro de certos limites, no segundo ela leva inevitavelmente à morte.

Em certo sentido, podemos dizer que até este ponto me ocupei da crueldade que se origina de mecanismos projetivos, ou melhor, de evacuações, isto é, o que a pessoa cruel evacua em outra pessoa ou em um animal, obtendo um alívio temporário. Mas há também uma crueldade que é desencadeada pela posse de algo que pertence a outros, pessoas ou animais. Se esse algo é apenas um atributo desejável, ela se manifesta privando aqueles que possuem tal atributo: negar o alimento, isto é, a capacidade de nutrir-se, até esfomear o objeto é um exemplo. Se o objetivo final é incorporar fisicamente a

---

6 Ver, neste volume, o artigo "Quando a ideia de morte não pode ser contida" [N.T.].

pessoa ou animal com todos os seus atributos, ele se manifesta na forma de uma necessidade de devorar o que, na relação entre homem e animal, pode ser considerado, dentro de certos limites, normal ou quase. Ataques que exprimem de modo simbólico os impulsos sádicos e canibalísticos são bastante frequentes. Não são raros os homens que, sem perceber, mordem com violência o mamilo de uma mulher; também se sabe de casos em que o mamilo foi arrancado com uma mordida. Às vezes os elementos de amor da sexualidade não conseguem superar os comportamentos agressivos e eclipsá-los; talvez a razão para isso deva ser buscada em um desejo inconsciente de fazer sofrer a pessoa com a qual temos uma relação de dependência estabelecida. Trata-se de vingança ligada à necessidade de repetir experiências da primeira infância, ou também da falta de maturidade e desenvolvimento da capacidade de amar? Não é fácil responder, mas certo é que a relação cruel é sempre uma relação primitiva, seja o objeto um amigo, um inimigo ou um estranho.

A crueldade faz parte da natureza humana, basta pensar na história para não ter dúvidas disso. São inumeráveis os atos cruéis entre os criminosos, entre as autoridades e também entre pessoas comuns. É de se perguntar como se podem atenuar as partes cruéis do indivíduo, e, ao contrário, o que as transforma em ilhas perigosas da mente, capazes de invadi-la. Muito ainda deve ser esclarecido, mas os trabalhos de Freud, de Klein e, recentemente, de Bion nos forneceram algumas explicações.

Desde 1915, Freud afirma que o sentimento de culpa que às vezes domina o estado mental de quem está por cometer um crime diminui depois que o crime é cometido. Klein descreveu a ansiedade persecutória, característica da posição esquizoparanoide, e a ansiedade depressiva, que representa um estado de maior maturação psíquica. Se, durante a infância, a criança foi capaz de chegar a um acordo com a ansiedade depressiva, ao crescer torna-se tolerante, aceita os outros como pessoas dotadas de uma individualidade e desenvolve a capacidade de amar: é difícil que a crueldade se torne um componente constante do seu comportamento. Se, entretanto, a posição depressiva não foi elaborada o suficiente, a ansiedade persecutória domina um mundo interno que permanece cruel e selvagem ao longo da vida e que, quando a pressão das figuras internas se faz intolerável ou quando a realidade externa requer uma capacidade particular de suportar, pode levar a ações criminosas. Quem é escravo da ansiedade persecutória não consegue ser tolerante: é irritável, desconfiado, sempre carregado de rancor e incapaz de superar um enfrentamento ou uma rejeição; qualquer contratempo pode desencadear seus instintos cruéis contra a pessoa mais significativa de sua vida ou contra desconhecidos. Nutrir ressentimentos e buscar vingança são as causas mais comuns da crueldade.

À primeira vista pode parecer que quem se retira em seu próprio mundo fantástico, onde as relações não são reais, mas masturbatórias, encontrou um sistema seguro para não ser cruel com os outros. Na realidade, porém, não é assim. Esse gênero de vida, por algum tempo, pode ser satisfatório, porém, mais cedo ou mais tarde, vem acompanhado de um estado no qual não é mais possível alguma gratificação. Ocorre, então, alguma coisa análoga à crise farmacológica em um drogado: a fantasia destrutiva e cruel até aquele momento contida em uma relação masturbatória age sobre uma vítima. Um homem que se enquadrava nessa categoria de pessoas um dia, de repente e sem que nada o prenunciasse, raspou a face de sua fiel e dedicada secretária com uma lâmina de barbear. Então, cheio de remorso, fez o melhor que pôde para reparar seu ataque.

Quais as possibilidades que temos para tratar aquelas pessoas nas quais a crueldade, normalmente sob controle, pode explodir de um momento para o outro? O tratamento em grupo ou individual, feito por psicanalistas, psicólogos, psicoterapeutas, psiquiatras ou assistentes sociais, deve sempre ter a finalidade de normalizar o metabolismo psíquico e os processos introjetivos, de modo a permitir que aprendam da experiência. Para poder alcançar a posição depressiva e elaborá-la, é necessário diminuir a ansiedade persecutória. Muitas vezes há uma melhora gradual das relações com o mundo externo e interno; as recaídas são frequentes e devem ser enfrentadas. A demora do tratamento pode ser avaliada em uma perspectiva correta somente se refletirmos sobre o sofrimento que os crimes sádicos causam.

4. Abordagem psicanalítica ao tratamento dos homicidas[1]

Em "Criminosos em consequência de um sentimento de culpa" (1916), Freud afirma que os criminosos frequentemente realizam ações delituosas para aliviar seu estado de angústia intrapsíquico em razão, em última análise, da fantasia inconsciente de parricídio e de união com a mãe, pela falta de solução do complexo de Édipo. Freud notou que os crimes são, todavia, coisa de pouco valor se comparados às cruéis fantasias que os originaram. Os resultados inteiramente diferentes das minhas pesquisas sobre os assassinatos me trouxeram de volta à mente o que Freud, depois de haver escrito *Totem e tabu*, disse a Jones e a Ferenczi: que ele havia passado do estudo do desejo de matar ao estudo do assassinato verdadeiro e próprio, e que entre ações e desejos existe um abismo.

O exame da literatura sobre assassinos me maravilhou porque a maior parte dos casos descritos diz respeito a psicóticos, como mostram, sem sombra de dúvida, artigos de Bromberg, Wertham, Sheehan-Dare, Podolsky, Marie Bonaparte e Alexander. Alexander,

1 Apresentado no 21º Congresso da Associação Internacional de Psicanálise, em Copenhagen, em julho de 1959.

para dizer a verdade, se refere também a uma tentativa de assassinato, que fazia parte de um pacto suicida depois fracassado, da parte de um neurótico. Gould examina do ponto de vista psiquiátrico a estreita relação entre as fantasias suicidas e homicidas, as pulsões e o agir. Bromberg se fixa sobre a atividade sexual muito intensa e precoce de um seu paciente cuja tendência à mais total submissão, traço de caráter muito marcado nele, era uma defesa contra as pulsões destrutivas encobertas no mais profundo do seu inconsciente. Bromberg acredita que o comportamento agressivo tem suas raízes na fraqueza de um eu não suficientemente robusto para combater as forças destrutivas que se originam da agressividade oral das primeiras fases do desenvolvimento; ele acrescenta que é a intensidade do desejo de vingança, que no seu paciente se manifesta sob a forma de ataques gravíssimos contra a imagem da mãe, o que determina se será realizado um assassinato ou um suicídio: quando predominam os mecanismos projetivos ocorre o primeiro, quando predominam os mecanismos introjetivos, o segundo. Marie Bonaparte fala das características edípicas do homicídio realizado por Mme. Lefebvre, que mata a nora na presença do filho. Ela considerou a sua paciente psicótica e afirmou que a causa da psicose seria a regressão, em coincidência com a menopausa, aos estados pré-genitais do desenvolvimento. Alexander trata do ciúme e do inconsciente em oposição aos desejos de homossexualidade passiva.

Dos meus pacientes, somente um era explicitamente psicótico; outro tinha uma inteligência nos limites inferiores da normalidade. Percebo que até os assassinos que pareciam ser sãos possuíam partes cindidas do resto de si, as quais, quando eles perdiam o controle, vinham projetadas ao exterior com extrema violência e criavam uma situação potencialmente homicida. Toda essa situação, das ações cruéis ligadas à cisão e do sucessivo restabelecer-se de um certo equilíbrio intrapsíquico, foi indicada por Wertham com o nome de "crise catatímica" (Wertham, 1949).

Os pacientes que tomo em consideração no presente trabalho são os condenados que cumprem suas prisões perpétuas em Wormwood Scrubs.[2] Para não me repetir, vou me limitar a mencionar aquilo que afirmei em meu estudo de 1958[3] sobre a dificuldade de fazer um tratamento na prisão, em particular na prisão de Wormwood Scrubs.

Eu ia à prisão geralmente uma vez por semana. A fim de tirar o maior proveito possível do pouco tempo disponível, cada prisioneiro tinha um diário, que os agentes de custódia não podiam controlar e no qual anotavam os próprios sonhos e as relativas associações. Em certos casos foi injetada metedrina por via intravenosa, durante uma ou mais sessões, para facilitar a recordação do passado. Essas técnicas podem parecer muito indesejáveis, mas eu não tinha outra escolha, e, se tivesse sido possível, teria certamente adotado o usual procedimento psicanalítico. A despeito dos numerosos obstáculos que se apresentam no tratamento de homens aos quais a liberdade é assim limitada, decidi tentar compreender a patologia dos homicidas.

Quando me pediram para lidar com assassinos, já fazia dois anos e meio que eu vinha fazendo sessões de psicoterapia com prisioneiros de Wormwood Scrubs condenados por vários crimes. Algumas palavras que um inspetor aposentado da Scotland Yard havia escrito na sua autobiografia me fizeram refletir sobre a diferença entre os homicidas e as outras pessoas, e também entre esses e os outros criminosos. Ele havia escrito que enquanto a maior parte dos homens às vezes realiza ações que depois parecem tão detestáveis a si próprios que eles desejam, com todas as suas forças, poder negá-las ou desconhecê-las, somente pouquíssimos encerram em si

2 Antiga e importante prisão de Londres.

3 "Problems encountered in prison psychotherapy", trabalho apresentado à reunião científica da Sociedade Britânica de Psicanálise em março de 1958.

mesmos aquela violência sem esperança que, quando, em determinadas circunstâncias, escapa ao controle e explode, destrói outro ser humano da maneira mais cruel. O inspetor acrescentou que a vida desse tipo de homicida costumava ser aparentemente irrepreensível até o momento do crime.

São observações que destacam a diferença que um homem leigo, mas perspicaz, faz entre processos repressivos e de cisão. De certo ponto de vista, o inspetor fez, sem dúvida, comentários precisos e bem fundamentados: a violência sem esperança pode permanecer por anos isolada e, por assim dizer, encapsulada na pessoa para depois liberar-se, na maior parte, durante um período de tensão ou de doença. Procurarei demonstrar como frequentemente a violência se manifesta primeiro na forma de tentativa de suicídio e, em seguida, sob a forma de ataque homicida contra outro ser humano; a escolha da vítima é um processo que pode ser tudo, menos simples. Descreverei em detalhes dois casos clínicos cujas conclusões são semelhantes àquelas que extraí de outros cinco que não posso ilustrar por falta de espaço.

Caso 1. Bill foi condenado à prisão perpétua aos 26 anos de idade pelo assassinato de uma mulher não jovem a quem ele havia dado uma "carona" em seu caminhão. Ele queria violentá-la, ela começou a gritar; Bill então a estrangulou e escondeu seu corpo. Anteriormente, Bill havia sido preso várias vezes por estupro e tentativa de estupro; a natureza repetitiva de seus crimes levou o diretor da prisão a me pedir para conversar com ele. Bill foi muito honesto e me deu a impressão de que realmente queria se entender e se conhecer: o complexo emaranhado de impulsos opostos que se agitava nele era desconcertante. Por meio da terapia, esperava obter alívio da ansiedade que não lhe dava descanso, não uma redução da sentença. Bill era o mais velho de uma grande família; a diferença de idade para o irmão mais novo era de um ano e meio. Nasceu prematuro e ligeiramente asfixiado, e talvez por isso tenha tido dificuldade em sugar o seio, mas logo se tornou voraz. O aleitamento materno foi de curta duração; seus irmãos, no entanto, tiveram mais sorte a esse respeito. Aos 7 anos, Bill teve que sair de casa por causa do perigo do bombardeio alemão em sua cidade; foi enviado para o interior e passou de uma família para outra até chegar a uma "mãe adotiva" que, enquanto era abertamente hostil a ele, tinha grande simpatia por seu irmão. Ao retornar a sua casa, aparentemente se ambientou bem. Segundo sua mãe, ele era lento e teimoso, mas muito carinhoso com ela. Os problemas apareceram com a puberdade: ele tentou seduzir três de suas irmãs, estuprar uma jovem e, aos 17 anos, uma mulher em um vagão de trem; por esse último episódio, foi condenado por estupro. A aparente passividade da mulher em resposta à tentativa de violência o fez se sentir culpado e perseguido; estava convencido de que ela havia preparado uma armadilha e, assim que pôde, ele a deixou. Em seguida, ela apresentou à polícia uma queixa contra ele. Alguns anos depois, Bill foi acusado novamente de violência e de tentativa de violência.

No período inicial do tratamento, Bill me referiu um importante incidente da infância: tinha 6 anos quando encontrou uma rolinha gravemente ferida e condenada a morrer; ele tentou matá-la para evitar um longo sofrimento, mas não conseguiu imediatamente, e o pássaro olhou para ele com olhos tão surpresos e reprovadores que ele nunca os esqueceu. Finalmente Bill afogou a rolinha, mas a partir daquele momento o olhar dela não lhe deu paz, e ele tornou-se atormentado. Sentiu-se culpado e triste por ter matado um ser vivo ferido que ele não odiava. Durante as primeiras tentativas de violência, ele não tinha, no nível consciente, o desejo de matar sua vítima; em vez disso, tomou consciência do impulso irresistível de escondê-la e submetê-la aos seus desejos. Após a segunda condenação, começou a pensar na possibilidade de matar uma mulher. No curso do tratamento, ele notou três tipos de fantasias simultaneamente presentes nele: na fantasia "benigna", a mulher parecia estar à espera de suas manifestações de interesse, recebendo-as com prazer; a atmosfera era afetiva e feliz. Na fantasia "intermediária", ele superava o aparecimento de oposição por parte da mulher com um comportamento determinado e, às vezes, recorrendo a ameaças, até que a mulher se entregasse a ele e gozasse do ato sexual; ele se sentia cheio de gratidão por ela. Nesse momento a mulher oferecia-lhe completamente seu corpo, que ele explorava, acariciava, beijava e sugava. Na fantasia "homicida", a mulher o rejeitava com decisão; ele, então, tomado de raiva, a imobilizava, e tinha com ela um coito no qual não havia nenhuma afeição, pois a torturava e a fazia em pedaços. Bill referiu também uma fantasia na qual, enquanto violentava sexualmente uma mulher, matava-a, estripava-a, arrancava a mordidas os mamilos, cortava os seios e depois os enfiava à força numa abertura que ele havia feito em sua barriga. Por fim, jogava os pedaços do cadáver sobre uma pilha de feno que acendia para queimar e destruir todos os vestígios da mulher e do crime que havia cometido.

Em outra fantasia, arrancava um recém-nascido do peito e ameaçava matá-lo se sua mãe não consentisse em amamentar o jovem e fazer sexo com ele. Depois de tê-la violentado, matava a mãe, eviscerava-a e colocava o neonato dentro da barriga. No curso do tratamento, consegui mostrar a Bill que ele tinha duas representações mentais separadas de sua mãe: uma de uma mãe boa, que consentia a todos os seus desejos, e uma outra de uma mãe má, que o obrigava a submeter-se a penosíssimas frustrações. Ele pretendia dispor de modo total e absoluto do corpo da mãe e ter a posse dos seus seios e do seu leite; em outras palavras, procurava restaurar a situação existente antes do aparecimento dos rivais (irmãos). Para não fazer mal à mãe boa pela qual nutria afeto, Bill afastava a mãe má que, permanecendo isolada, ameaçava a cada momento escapar do controle e tomar posse dele. Cometia os crimes quando, por uma razão ou outra, não era mais capaz de manter a cisão. Os crimes eram caracterizados por dois elementos fundamentais: a necessidade de obter gratificação mediante o controle e o domínio de uma mulher e o impulso de fazê-la em pedaços quando não conseguia satisfazer seus desejos. Quando a mulher se rendia a ele, ficava grato e os impulsos destrutivos desapareciam; quando, entretanto, a mulher o abandonava, não queria saber dele ou o seduzia e depois se recusava a ceder, Bill era invadido por uma necessidade incontrolável de destruir e por sentimentos muito fortes de inveja: a mulher, que representava a mãe, tinha para si aquelas partes do próprio corpo que dão prazer e nutrição, as quais ele estava convencido de que tinha todo o direito de possuir à força. Em seguida, em uma onda de vingança, danificava-as a ponto de torná-los inúteis para a mulher e para todos os outros, para os irmãos, para as irmãs e, especialmente, para o pai, por quem ele nutria sentimentos de ciúme e rivalidade. A total e completa destruição da mulher não tinha somente o fim de evitar que o crime viesse a ser descoberto, mas também aquele de impedir a reinternalização de uma figura feminina muito danificada e, portanto, suscetível de se transformar em uma terrível perseguidora intrapsíquica.

Quando criança, Bill facilmente ficava com raiva da "mãe adotiva" e se sentia perseguido por ela. Teve, entretanto, certa dificuldade em sentir pena e entristecer-se com a separação de sua própria mãe, que havia idealizado. Num nível profundo, conservava a imagem de uma mãe boa perdida e irremediavelmente danificada. Essa imagem, que sem dúvida datava da primeira infância, emergiu somente quando ele foi evacuado durante a guerra: forçado a separar-se da própria mãe que havia idealizado, atacou a imagem interna de modo tão cruel a ponto de se sentir intensamente perseguido. Como resultado da ansiedade persecutória, a mãe adotiva foi vivida por ele como uma figura totalmente demoníaca. Essa mudança ocorreu justamente quando ele estava se aproximando do mais completo desconforto. Perseguido incessantemente pelo objeto que o deixou deprimido, no final ele tentou destruí-lo.

Estou me esforçando para mostrar como a mãe boa, danificada e cindida, e a mãe má e persecutória são, em última instância, a mesma pessoa, e como ele viveu no terror de que a imagem da mãe idealizada se quebrasse e se unisse à imagem da mãe má. Bill tinha que proteger sua mãe idealizada da raiva e dos impulsos destrutivos que se originaram da experiência de desmame e da subsequente experiência de ter sido "mandado" para longe de casa, enquanto os irmãos permaneceram lá. Os processos de cisão eram muito menos eficazes todas as vezes que ele encontrava uma vítima para violentar ou para matar. Sobretudo durante os estupros, junto a sentimentos cruéis e destrutivos, ele sentia também piedade. Bill afirmou ter notado que, ao mesmo tempo que estrangulava a mulher a quem dera "carona", sua fúria assassina se reduzia cada vez mais, tanto que receava que um sentimento irritante de ternura, talvez gerado pelo calor do corpo da mulher, o submergisse.

Há pouco tempo, Bill disse ter encontrado uma moeda de seis *pence* no punho de sua vítima morta. Ele me disse muitos meses depois de nossa primeira entrevista, porque queria esconder de mim e esconder de si próprio, que sabia que a moeda era o pagamento pela "carona". Quando encontrou a moeda, ficou em pânico e sentiu-se mal; por um átimo, não obstante as suas tentativas de difamar a mulher, deu-se conta de que havia algo de bom nela: ela sentia gratidão em relação a ele e pretendia recompensá-lo. Inconscientemente, Bill se deu conta de que a imagem da mãe má e persecutória que ele havia projetado sobre sua vítima não combinava com ela, mas infelizmente ela estava morta. Sentindo-se irremediavelmente mau, Bill decidiu entregar-se à polícia, e teria feito isso se de repente não lhe tivesse ocorrido uma ideia que permitiria a ele reativar, pelo menos em parte, os processos de cisão e, portanto, isolar a imagem da mãe persecutória. Ele pensou que a moeda provavelmente não se destinava a ele, mas ao pagamento da passagem de ônibus. Essa ideia, da qual ele nunca realmente se convenceu, permitiu que ele se comportasse com certa astúcia e evitasse a prisão por algum tempo.

É digno de nota que Bill tenha desenvolvido sua fantasia nos mínimos detalhes. Creio que ele, muito deprimido e perseguido pela imagem quase insuportável de uma mãe extremamente danificada, em certo sentido, por meio dos estupros executava as investigações: com seu pênis explorava o ventre das mulheres para descobrir o que se encontrava dentro – feridas, bebês ou o pênis paterno. Um dia ele acordou aterrorizado por ter sonhado que descobria um pênis sob as roupas da mulher que estava tentando estuprar. O sonho indica que, na transferência, eu era vivido como a vítima que tem o pênis e, ao mesmo tempo, o paciente com seu pênis explorava a mulher para ver se havia um dentro dela; tudo isso estava em perfeita sintonia com os muitos elementos homossexuais que apareceram depois. Naturalmente, Bill procurava também o peito: o estupro tinha sempre início com um pedido; se este fosse satisfeito pela mulher sem colocar obstáculos no caminho, ele pensava que o objeto sobre o qual ele projetara sua própria mãe interna não estava irreparavelmente danificado. Ao contrário, ele ainda era capaz de oferecer-lhe coisas e ainda estava disposto a ceder a ele.

Pode-se acrescentar uma outra observação que serve para esclarecer a complexidade dos processos que precediam a escolha da vítima. A "mãe adotiva" má para a qual Bill foi evacuado tinha olhos penetrantes e um estranho tique: ela enrolava os cabelos com o dedo indicador da mão esquerda. A mulher morta recordava a "mãe adotiva" em sua aparência e expressão facial e tinha um tique semelhante; Bill alegou que não havia notado isso antes do dia em que a matou, embora já tivesse lhe dado carona. Creio que essas semelhanças foram decisivas na escolha da vítima.

Perguntei a Bill se ele se lembrava de uma pessoa da infância ou da adolescência com um tique semelhante; ocorreu-lhe que seu irmão que tinha sido evacuado junto com ele, bonito e querido por todos, tinha esse mesmo tique. O irmão tinha sido idealizado pela "mãe adotiva" má e, com seu nascimento, tirara de Bill a posse completa e total da mãe. Bill não se recorda de nada disso; lembra-se, porém, que um dia, enquanto estava com a "mãe adotiva", foi tomado por uma crise de raiva quase incontrolável: tendo perdido de vista o irmão, correu para procurá-lo; ao retornar para a fazenda, encontrou-o sentado, com um ar de triunfo, sobre o cavalo alto do fazendeiro. Bill pediu para ser colocado no dorso do cavalo também, mas o fazendeiro disse que não e acrescentou que tais prêmios eram reservados apenas para boas crianças. Bill foi tomado por dolorosos sentimentos de ciúme e inveja do irmão que ele amava: por exemplo, na escola, ele o protegia de um grupo de garotos do vilarejo hostis aos "intrusos da cidade". O ciúme e a inveja dos primeiros períodos de vida de Bill ainda não chegaram à luz. Ele nunca foi capaz de manifestá-los abertamente, e é certo que a experiência de ódio à "mãe adotiva" agiu como um estímulo e fortaleceu seus processos de cisão.

Houve momentos em que, apesar de sentir que sempre fora perseguido pela imagem de uma mãe muito danificada, Bill não pensou em assassinato e nem sequer recorreu à tentativa maníaca de transformar, por meio do estupro, uma situação persecutória em uma situação agradável. Em vez disso, pensava seriamente em cometer suicídio. Um dia decidiu dirigir seu caminhão na velocidade máxima contra pedras grandes, mas aconteceu que, enquanto se dirigia a um lugar onde haveria poucas pessoas que atrapalhassem seu plano de suicídio, a polícia o notou e o intimou a parar; ele diminuiu em vez de parar, e se feriu em vez de morrer. Durante sua convalescença, obteve uma condenação por tentar estuprar uma garota. É muito relevante que, quando planejou seu suicídio, Bill estava no exterior e sua mãe estava perto de dar à luz. Já quando ele fez a tentativa de estupro, tinha acabado de saber que havia nascido um irmão mais novo. Toda tentativa de estupro estava intimamente ligada a um estado de angústia e expressava o esforço desesperado de remediar uma situação interna intolerável por meio de um ato de significado altamente simbólico. Os ataques às mulheres provavelmente se originaram das fantasias em que, quando criança, atacava sua mãe grávida, seu aparelho genital, o seio e a criança que teria nascido.

A ansiedade que levou Bill a executar os crimes talvez tenha se originado do tremendo medo de ser perseguido e destruído por seus objetos persecutórios internos e, especialmente, pela mãe intoleravelmente danificada. Assassinato e, em menor medida, fantasias de assassinato foram experimentados por Bill como um enorme triunfo maníaco sobre sua vítima. Bill, como outros assassinos, não atuava somente as pulsões singulares, mas toda sua situação interna, na tentativa de reduzir o terror e a punição causados pela angústia e pelo sentimento de culpa. A estranha alternância de piedade e maldade, por vezes tão rápida, dando a impressão de que os dois sentimentos coexistiam, leva-nos a supor que Bill era quase capaz de alcançar a posição depressiva: infelizmente, quando se aproximava desta, a ansiedade persecutória explodia e, assim, toda vez que a posição depressiva era evitada, fantasias ou atos destrutivos, portanto, tomavam o lugar de ações reparadoras. De fato, Bill nunca desenvolveu a posição depressiva, e isso, talvez, seja a razão fundamental para a repetitividade de seu comportamento. No decorrer da terapia, ele se tornou cada vez mais deprimido. Um episódio que aconteceu há pouco tempo revela como rapidamente sentimentos depressivos se transformam em persecutórios em Bill. Pela primeira vez em sua vida, ele não tinha conseguido dormir à noite porque o rosto da mulher que havia matado aparecia incessantemente para ele com um olhar acusador e olhos que pareciam sair de suas órbitas. Ele tentou fechá-los com os dedos, mas a cada vez eles se abriam novamente. Esses olhos, que o recordavam dos da rolinha que afogara quando criança, dos de sua mãe e dos meus, mostram quão persecutório pode ser o objeto que o deixa deprimido. Ele havia fechado os olhos da rolinha para sempre, um emblema de amor e suavidade, pois não podia tolerar o tormento que seus olhos lhe davam. No entanto, eles nunca se calaram e implacavelmente continuaram a acusá-lo e persegui-lo. Bill também sentiu pena; ele se identificou com a rolinha, a boa mãe: ele cantava bastante bem em surdina, isto é, imitava o canto da rolinha.

Antes do estupro no trem, Bill passou por um período de intensa atividade homossexual: tinha um papel passivo e era fisicamente submetido a um homem bastante robusto que o presenteava, o vestia com indumentária feminina e, quando estavam juntos, queria que ele trocasse o próprio nome por um nome de mulher. Bill escolheu Carol, que era, como notou imediatamente, o nome de sua mãe. Carol também se lembrava do canto da rolinha.[4] Quando o amante era violento e cínico, Bill mudava completamente de comportamento: tornava-se ativo e, com suas atitudes, mostrava, sem sombra de dúvida, que havia incorporado sua crueldade e seu cinismo. Foi em situações desse tipo que fantasias homicidas se desenvolveram nele.

Para esclarecer melhor o estado psíquico de Bill, pode ser útil referir este sonho: Bill olhava a face de uma mulher, indistintamente e como envolto em névoa; tinha a impressão de que fosse uma face agradável e, observando-o, murmurava para si mesmo: "Esta mulher me agrada, não quero matá-la". Mas a névoa subitamente se dissipou: ele percebeu que estava se olhando no espelho e ficou surpreso ao reconhecer seu próprio rosto.

---

4 Cantos em geral natalinos, com a característica de cantilena.

Quando está muito deprimido, Bill imagina que a mulher morta retorna à vida e parece vê-la andando na prisão durante o período da visita. Claro que ele sabe muito bem que isso não é possível. Nessa atividade restaurativa quase delirante, quanto mais a negação da culpa se torna obstinada, mais a depressão é intolerável. Mas é na transferência que vive com particular intensidade seus sentimentos; Bill me identifica com a mulher que matou e, assim fazendo, traz à luz aquela constelação psíquica, feita de ideias persecutórias e depressivas, que encontrou no homicídio sua sinistra concretude. Recentemente foi possível constatar que a lacuna entre as representações internas da mãe idealizada e da mãe má foi reduzida: Bill mostra-se hostil a mim tanto de modo direto como na transferência. Subitamente, porém, se tornou muito ansioso, temendo que eu me recusasse a continuar o tratamento. Uma vez, depois de ter rejeitado minhas interpretações, que se referiam sobretudo ao caráter destrutivo de sua avidez e sua inveja e à total falta de preocupação por mim, que representava sua mãe, Bill começou a inchar de uma forma preocupante. Logo o edema angioneurótico se estendeu a todo o corpo. Na sessão seguinte, a qual fui forçado a realizar na cela, Bill recordou um importante incidente: um dia, durante o período em que esteve afastado e vivendo com a "mãe adotiva" má, não podendo mais suportar as críticas dela, ele fugiu, determinado a voltar para sua mãe. Não teve tempo de sair porque o alarme foi dado imediatamente e várias pessoas o perseguiram como se ele fosse um animal. Vestido com roupas leves (fazia calor), ele se jogou, meio aterrorizado e meio convencido de que era um herói, num grande tufo de urtigas: o inchaço se tornara tão alarmante que sua mãe foi avisada para ir até ele sem demora. Após a sessão, o inchaço desapareceu rapidamente; na verdade, antes de eu sair, Bill referiu sentir-se menos tenso na mente e no corpo. No início da sessão seguinte, ele me contou que percebeu que tinha sido um estuprador e homossexual passivo ao mesmo tempo: ele, a mesma pessoa, desempenhara os dois papéis.

Foi a primeira vez que Bill notou isso, porque, até então, ele nunca se sentira como uma pessoa única; embora desanimado, teve a impressão de estar "inteiro".

É difícil dizer por que algumas pessoas matam e outras não. O caso de Bill demonstra que pulsões muito intensas e a capacidade de resistir a elas não são os únicos fatores em jogo no homicídio: parece importante a impossibilidade de tolerar suficientemente por muito tempo o assustador conflito entre instintos de vida e de morte que ocorrem no mundo interno do assassino em potencial. Muitas vezes, por vários anos, atos destrutivos simbólicos e fantasias destrutivas conscientes e inconscientes são suficientes para manter um equilíbrio intrapsíquico muito precário; mais cedo ou mais tarde, no entanto, esse equilíbrio acaba se quebrando. A intolerável perseguição interna é então projetada com violência ao exterior, sobre uma vítima. Quanto a Bill, a vítima era certamente o objeto que o deixava deprimido e que se tornara persecutório demais para ser tolerado por mais tempo. A passagem para o ato, que é o momento de máxima crise, permite libertar-nos do estado persecutório e também obter uma certa gratificação transitória; embora importante, não é senão um dente da roda altamente predeterminada do destino.

Tentativas de suicídio que precederam o assassinato sugerem que os perseguidores internos às vezes são atacados enquanto estão na pessoa que se sente ferida; outras vezes, são atacados depois de terem sido projetados na vítima. É claro que muitos outros fatores, além dos indicados, interferem nas tentativas de suicídio.

Muito provavelmente, depende do grau de perturbação do equilíbrio dinâmico complexo entre forças tendendo à vida e forças tendendo à morte se o ataque é levado a objetos internos (tentativa de suicídio) ou àqueles objetos externos sobre os quais a pessoa descarregou os próprios problemas, libertando-se deles.

Caso 2. Tom, um homem muito inteligente de 26 anos, foi condenado à prisão perpétua por ter atirado e matado um vendedor que queria impedi-lo de fugir com revistas e fotografias pornográficas que ele havia roubado usando uma arma. As fotos, que representavam atos sexuais de tipo normal e perverso, colocavam à mostra, sobretudo, genitais e seios. Tom era casado e tinha um filho; sua profissão era a de cozinheiro de bordo. As relações com a mulher não eram satisfatórias, e, por um certo período, ele havia se dado, de modo compulsivo, a orgias sexuais com prostitutas e a uma irrefreada atividade masturbatória, acompanhada de fantasias com mulheres em diversas poses sexuais. Bebia e fumava muito.

Tom tinha passado a infância em uma fazenda isolada junto com o pai – cruel, mas sempre pronto a praticar o moralismo –, a mãe – carinhosa, mas desleixada – e a irmã um ano e meio mais jovem, que ele amava. Mamou com voracidade no seio materno e teve sérios problemas com o desmame. Na primeira infância, foi muitas vezes punido por seu pai; sua mãe, que era muito mais jovem que o marido, não conseguia protegê-lo dos excessos de raiva e espancamentos paternos. De fato, quando a criança fazia algo errado, ela imediatamente informava o marido, um comportamento considerado por Tom um sinal de séria deslealdade. Às vezes Tom era punido por aproximações sexuais para com a irmã. No começo era uma questão de pouca importância, mas ao longo dos anos ele quase teve um verdadeiro coito. A mãe e a irmã de Tom confirmaram por escrito, independentemente uma da outra, que as punições que ele recebia eram muito duras: era comum que estivesse coberto de hematomas da cabeça aos pés. Em certos momentos Tom admirava o pai, sobretudo por seu trabalho construtivo, e procurava conquistá-lo, por exemplo, fritando ovos que levava para ele comer quando trabalhava nos campos. Sempre tivera a impressão de ser um rival de seu pai. Depois das surras, ele fazia pequenos furtos, devido aos quais era espancado novamente: um círculo vicioso foi estabelecido, culminando com a tentativa de fugir de casa. Após vários episódios desse tipo, Tom teve que se apresentar aos tribunais de menores, onde seus pais declararam que não conseguiam controlá-lo. Foi então confiado a uma família, a muitos quilômetros de distância, onde viveu, sentindo-se deprimido e abandonado, dos 9 aos 13 anos de idade. Depois de algum tempo, começou a idealizar sua casa, mas quando voltou, uma triste realidade o esperava: como nos anos anteriores, seu pai passava das ameaças aos espancamentos e deles ao moralismo.

Toda a família dormia junta em um único quarto: Tom e o pai em uma cama, a mãe e a irmã em outra. Logo após a puberdade, ele começou a ter relações sexuais que considerava sem importância; seu comportamento com as meninas não tinha nada de sádico. Ele se sentia orgulhoso de um pênis que acreditava de medida fora do comum e se vangloriava por poder ter várias relações sem um intervalo entre elas, além de conseguir se masturbar várias vezes seguidas.

Cortejou de modo convencional, até mesmo inibido, a futura esposa, com quem, depois do casamento, só sentia prazer em se entregar ao tipo de atividade sexual que tinha com sua irmã: ver e tocar o corpo feminino com a língua e felação. Somente quando estava embriagado conseguia ter uma relação sexual completa. Não era jamais cruel, ao contrário, a mulher se lamentava de sua excessiva suavidade. Da história parece, então, que Tom tinha um forte componente homossexual no estado de latência; seu trabalho de cozinheiro era, em parte, uma expressão disso. No entanto, esse componente ainda era muito "frágil e precário", de modo que, quando relatou muito sucesso em um papel feminino, ficou terrivelmente angustiado. Na prisão, deram-lhe a tarefa de cuidar da cozinha, um trabalho que ele executou com tanta habilidade que mereceu a apreciação geral, mas imediatamente sentiu, urgentemente, a necessidade de se dedicar ao levantamento de peso para se tornar mais viril; ele também tentou baixar a voz em uma oitava.

Depois do nascimento do filho, Tom começou a sair com prostitutas e a masturbar-se com grande frequência enquanto olhava fotos de mulheres, de coitos ou de atos sexuais perversos. Chegou até à autofelação. O nascimento do filho, além de estimular seu ciúme, forçou-o a assumir o papel de pai. Tanto nessa situação como no assassinato que se seguiu, era como se partes dele, até então cindidas, entrassem em contato umas com as outras; o objetivo era impedir que o processo de integração acontecesse de maneira catastrófica em sua mente.

A nomeação de Tom como responsável pela cozinha de bordo prova a considerável confiança de que ele gozava. Além de colocá-lo em um estado grave de ansiedade, assinalou o início de uma série de eventos que culminaram no assassinato. Sentindo uma absoluta necessidade de obter material pornográfico com um revólver emprestado, foi a uma loja de pornografia que conhecia e pediu uma grande quantidade de revistas; recusou-se a pagar e ameaçou o balconista com a arma. Tom estava com um pé engessado, devido a um ferimento ocorrido imediatamente após a promoção. Gostaria de insistir no contraste entre o episódio do assalto que culminou no assassinato e a imagem geral de Tom que surgiu durante a terapia. Já enfatizei sua falta de agressividade nas relações sexuais com a esposa. Na prisão, seu comportamento foi exemplar e, sobretudo, extremamente construtivo. Quando criança, Tom nunca se voltara contra o pai que o espancava. Um dia, o pai ordenou que ele matasse uma ninhada de ratos do campo e, diante de sua recusa, provocou-o e ameaçou bater nele. Tom, então, obedeceu, procurando esconder as lágrimas. Cenas semelhantes foram repetidas quando Tom recebeu ordens para afogar filhotes e, alguns anos depois, atirar na cadela. Dessa vez, no entanto, ele se recusou. Aparentemente, portanto, ele se apresenta como um homem gentil. Em uma só ocasião seu comportamento deixou entrever que poderia cometer um homicídio: foi quando viu o pai bater com violência na irmã pouco depois de ter superado a puberdade. Tom, acreditando que as surras naquele período específico de desenvolvimento poderiam ferir uma menina por toda a vida, pegou um fuzil e ameaçou matá-lo, e então disse a ele para não bater nela nunca mais. O pai parou para sempre de bater nos filhos.

Não é possível dar uma ideia precisa da psicopatologia de Tom por dois motivos: a sua complexidade e, sobretudo, o exíguo número de sessões (uma vez por semana por três anos). A ansiedade devida a sua nomeação como chefe de cozinha deve ter causado um grande número de problemas; em particular, acho que estimulou grandemente suas fantasias femininas invejosas e onipotentes. Na verdade, Tom sentia a necessidade de afirmar sua virilidade: as fotografias das mulheres estimulavam seus apetites sexuais. Nesse ponto, a agressividade e o desejo de vingança contra o pai se fizeram incontroláveis e explodiram no assassinato. Ele mesmo afirma que, se o vendedor não lhe houvesse recordado seu pai quando avançava em direção a ele quando criança para lhe castigar fisicamente, teria atirado nas pernas para imobilizá-lo e não o teria matado.

Contei a história de Tom para mostrar quão profunda pode ser a cisão entre a parte sádica e homicida e o resto da personalidade, nesse caso particularmente construtiva e reservada.

Durante o tratamento, Tom tendia a idealizar-me e recuperava comigo uma relação intelectual que havia tido com o pai. Na prisão, dedicou-se a um trabalho útil no qual adquiriu uma notável habilidade. Para que o tratamento seja eficaz é necessário que a parte dele cindida, sádica e homicida, seja elaborada o mais profundamente possível. Felizmente, há sinais de que na transferência ele não me idealiza mais como antes.

Segundo o inspetor de polícia, cujas palavras recordei no início deste texto, a vida de Tom até o momento do crime teria sido irrepreensível; acredito, no entanto, que os dados que forneci nos permitem perceber que atividades compulsivas homo e heterossexuais e certas atitudes perversas são todas uma expressão do mundo interno de Tom, e que o assassinato que ele foi inexoravelmente levado a cometer encaixa-se em um padrão consistente.[5]

O tratamento de sete assassinos, dois dos quais ilustrei neste livro, me convenceu de que a mesma síndrome é encontrada em todos os homicidas. É claro que existem variações, mas quase sempre elementos fundamentais idênticos são encontrados: em primeiro lugar, uma ansiedade persecutória muito intensa, a qual, no entanto, não nos deve fazer esquecer da piedade pela vítima que, surpreendentemente, alguns homicidas possuem em alto grau; depois, as ideias de suicídio são muito frequentes. Parece que, em alguns casos, a posição depressiva é estritamente evitada. Gostaria de insistir nos elementos depressivos, mesmo correndo o risco de passar a impressão de que negligencio os elementos persecutórios, porque até agora eles receberam um reconhecimento insuficiente e também porque o sucesso terapêutico depende em grande parte de sua presença e de sua relativa "solidez".

Tratei, entre outros, de um prisioneiro que era um assassino potencial e que havia pedido minha ajuda, embora não tivesse matado ninguém. Ele manteve um gráfico das mudanças em seu humor, que, de acordo com sua classificação, poderia variar de bom a deprimido, a raivoso, a assassino. É significativo que a ansiedade depressiva, quando era intolerável, tornava-se intensamente persecutória,

5 Creio que seja oportuno acrescentar que a terapia de Tom foi concluída depois de muitos anos de trabalho. Tom está agora felizmente casado, tem filhos e conduz uma vida satisfatória. As poesias que escreveu na prisão lhe renderam um importante prêmio internacional de poesia.

deixando-o, a princípio, furioso e depois destrutivo. A imagem interna de uma mãe danificada sem qualquer chance de reparação lhe proporcionava uma angústia profunda. Quando criança, ele havia cometido uma séria tentativa de suicídio.

O assassinato, então, é como a ponta de um *iceberg*: a parte mais importante e consistente está abaixo do nível da consciência. Os estudos de M. Klein me permitiram entender e compreender melhor o material clínico dos homicidas, que, no começo, fora extremamente desconcertante para mim, pois sinais de piedade e atos destrutivos de alto nível apareciam lado a lado na mesma pessoa. Especialmente os escritos sobre ansiedade persecutória e depressiva, sobre a dificuldade de aceitar a posição depressiva, sobre o papel fundamental dos processos de cisão e sobre a importância do caráter destrutivo da inveja tornaram possível uma certa compreensão do mundo interno do assassino, o qual, no entanto, poderemos conhecer em mais profundidade quando, para investigar, fizermos uso da teoria freudiana dos instintos de vida e morte, que M. Klein desenvolveu.

Infelizmente, as dificuldades são muitas, mesmo de natureza técnica: como disse no início, os homicidas dos quais tratei até agora não tiveram propriamente uma análise. Acredito que seja essencial que o novo conhecimento seja baseado em fundamentos sólidos.

5. O adolescente e a violência

O termo "adolescência" é usado para indicar aquele período da vida que é dominado por um estado turbulento decorrente da erupção da puberdade em seus aspectos psicológicos e fisiológicos. Quando, dentro de alguns anos, se acalma, dizemos que o adolescente se tornou adulto. A puberdade é um fenômeno normal e pode passar sem qualquer acontecimento particularmente significativo, mas, às vezes, se o estado turbulento é excessivo, pode levar um curso mais ou menos patológico.

Cada um de nós entra em contato com duas situações complexas: uma é constituída pelo mundo interno, que é formado graças à atividade psíquica e que inclui os aspectos constitucionais psicofísicos do indivíduo; a outra é constituída pelo ambiente social, que encontra a sua primeira expressão na família de origem. Em algumas culturas, a família vive junta como uma entidade única. Na nossa cultura, foi se afirmando a assim dita família extendida, cujos membros podem estar separados não somente pela distância, vivendo em lugares distantes, mas também pelo nível social diferente e grau de instrução etc. A escola e outras organizações de vários tipos levam à formação de grupos que podem ter se formado por acaso, perseguidos por um longo tempo pelos pais ou insistentemente indicados desde a juventude como muito importantes. O adolescente tem que enfrentar problemas cuja complexidade varia de caso a caso e de período a período, portanto, não é de espantar que os obstáculos que eles encontram sejam tão diferentes de um ao outro.

Examinarei mais em detalhe as duas faces da adolescência. A adolescência é caracterizada pela alegria em virtude do rápido aparecimento de novas perspectivas e do crescimento do corpo, que atinge as dimensões do corpo do adulto, em particular o dos pais; é caracterizada por uma maior liberdade e pela extraordinária excitação que deriva de observar as moças e da aproximação com intenções sexuais ou, no caso das meninas, de serem desejadas por jovens rapazes, talvez aqueles que são objeto de admiração e interesse. A adolescência, porém, é também caracterizada pela dificuldade de ter que abandonar, em breve tempo, todas as coisas da infância, como escreve tão lucidamente São Paulo: "Quando era criança, pensava como uma criança, falava como uma criança... mas quando me tornei homem, coloquei de lado as coisas de criança".

Muito típico da adolescência é querer tudo e rapidamente. Embora esse seja um desejo natural, acredito que sua satisfação constitua um obstáculo ao desenvolvimento. Durante o crescimento, o limite entre a privação e a indulgência excessiva é muito incerto, de modo que, ao longo dos anos, aqueles que, em crianças, foram privados se comportam de maneira semelhante àqueles que tiveram demais; alguns são ávidos e incapazes de acreditar na realidade das boas experiências, enquanto outros pensam que aquilo que possuem nunca é suficientemente bom. Portanto, tanto a pessoa que sofreu privação como a pessoa mimada (que tem tudo) estão danificadas.

O tipo de desenvolvimento ao encontro do qual vai a pessoa depende, sem dúvida, do mundo externo, embora em menor grau do que geralmente se acredita. De acordo com a teoria freudiana clássica que aborda o problema do ponto de vista dos instintos e seus fins, alguns dos múltiplos fatores internos em jogo derivam da fixação àqueles níveis de desenvolvimento emocional que precedem o nível genital, isto é, da fixação à fase oral, anal, fálica e edípica. Mas, se encararmos o problema do ponto de vista das relações objetais, é necessário partir do pressuposto de que as pessoas se sentem, se sentiram e se sentirão tratadas por aqueles que são importantes para elas da mesma maneira que trataram seus objetos (isto é, as pessoas que importam em suas vidas). As relações com os outros, ou, em termos de objetos parciais, com partes de outros, são marcadas por dois tipos diferentes de ansiedade: a ansiedade persecutória, que é mais primitiva e vem da parte cruel do eu, e a ansiedade depressiva, forma mais evoluída de ansiedade. É importante colocar em evidência que a ansiedade depressiva não corresponde àquele estado clínico chamado de depressão e que estar em grau de tolerá-la é um sinal de saúde e de bem-estar psíquico: esse é um estado mental que permite perceber a possibilidade de danificar e mesmo remover não apenas as pessoas detestadas e odiadas, mas também aquelas que são amadas e percebidas como totalmente boas ou parcialmente boas e parcialmente más. Os ataques ocorrem no nível mental e suas consequências causam remorso e dor. A ansiedade persecutória, em vez disso, tem a ver com causar danos, com o medo de ataques que o objeto mantido a distância pode desencadear, com vingança, com ressentimento, com retaliação e também com a determinação de silenciar o potencial perseguidor antes que ele possa agir ou causar dano àquela parte dele que é considerada como tendo a maior chance de atacar. De tudo isso, emerge claramente que a ansiedade persecutória é onipresente no reino animal, enquanto a ansiedade depressiva é específica do homem. As modalidades e características de nossos incessantes avanço e retrocesso no eixo descrito por Bion com a fórmula Ps ↔ D,[1] isto é, do nosso passar de um estado mental no qual predomina a ansiedade persecutória a outro no qual predomina a ansiedade depressiva, e, com isso, uma grande preocupação pelo dano causado aos outros, varia de pessoa a pessoa e na mesma pessoa de um momento a outro. Alguns permanecem empacados no extremo Ps do eixo durante parte do tempo; outros, aparentemente, para sempre ou quase; mas a maioria das pessoas se movimenta ao longo do eixo e alcança momentos de integração psíquica, o que M. Klein chamou de posição depressiva.

Uma paciente minha que na maioria das vezes estava presa no extremo Ps do eixo e que, por vezes, percorreu um longo caminho na direção de D para retornar imediatamente para Ps, um dia me disse: "Parece-me que você tira duas conclusões incorretas sobre o que eu conto: a primeira é que escolho quando estar deprimida [a paciente refere-se à depressão da posição depressiva, não à depressão clínica], embora não seja assim: eu não escolho; a segunda é que você pensa que a perseguição é menos penosa no estado depressivo". Essas afirmações nos mostram muito bem como a transição de um

1 A fórmula Ps ↔ D constitui uma elaboração dos conceitos da posição esquizoparanoide e depressiva. Bion, em *Os elementos da psicanálise*, escreve sobre "operações" representadas pela fórmula Ps ↔ D: "Pode-se supor que represente aproximadamente: a) a reação entre o que M. Klein considerou as posições esquizoparanoide e depressiva, e b) a reação precipitada pelo que Poincaré definiu a descoberta do fato selecionado". O "fato selecionado" é o fato que dá um sentido aos elementos que pareciam não estar ligados entre si e que nos faz entender seu significado; é o fato que permite passar de Ps, isto é, do estado de fragmentação marcado por sentimentos persecutórios, para D, que é a integração dos fatos dispersos. O processo é acompanhado pelo surgimento de novas emoções: o alívio que dá o compreender depressão e tristeza. A "operação" pode ser levada a cabo na direção oposta: "Ps pode ser considerado uma nuvem de partículas capaz de se unir para formar D, e D pode ser considerado um objeto capaz de se tornar fragmentado e disperso, isto é, de se tornar Ps". A oscilação de Ps para D e de D para Ps com as emoções relativas, de acordo com Bion, é a base do pensamento humano.

estado para o outro é inconscientemente determinada e que se encontrar no extremo Ps não é menos doloroso do que estar no extremo D, apesar de Ps representar um estado mais primitivo e muito mais próximo da doença mental que D.

Quem não consegue se mover do extremo Ps se sente ameaçado, agredido, ofendido, tratado injustamente, com frequência sem esperança, e se lamenta de que a vida não tem significado algum: seria melhor morrer. Quais são as prováveis consequências de um tal estado mental? Freud, em 1920, delineou a teoria dos instintos de vida e de morte, descreveu a polarização dos instintos e explicou como a "disputa feroz" se reduz na medida em que esses se integram com outras funções mentais. É necessário recordar que a modalidade de ação dessas duas forças instintivas em conflito entre si é, em grande parte, inconsciente (Freud, 1920/1976). O adolescente que é atormentado por um grave estado de ansiedade persecutória tornada crônica às vezes se suicida; às vezes, porém, comparece, espontaneamente, a força do instinto de vida que se manifesta sob a forma de tendência à autopreservação. Naturalmente, isso pode trazer alívio temporário, mas quando o impulso destrutivo é muito intenso, surge o problema do que fazer com ele. A constelação de que o impulso destrutivo faz parte pode ser psiquicamente digerida e metabolizada, isto é, tornar-se inócua, somente no nível D, não no nível Ps. O impulso destrutivo pode ser cindido ou isolado na psique com um mecanismo de encapsulamento, e também pode se manifestar por meio de atividades que têm a ver simbolicamente com a morte ou podem ser projetadas em outra pessoa ou qualquer outra coisa. Nesse último caso, é atribuído à própria pessoa, ou seja, é projetado sobre ela. Às vezes o impulso destrutivo é descarregado em qualquer um por meio de um mecanismo inconsciente descrito primeiramente por M. Klein e por ela chamado de identificação projetiva (Klein, 1978). É grande a diferença entre projeção e identificação projetiva para qualquer que seja o objeto: no caso da projeção, o objeto pode se sentir ofendido ou perseguido ou não compreendido, enquanto no caso da identificação projetiva ele é possuído pelos sentimentos daqueles que o usaram.

Portanto, enquanto na projeção o objeto pode se sentir irritado, perseguido, tratado injustamente e intimidado pela hostilidade de quem projeta, isto é, de quem "tem a ver com ele", na identificação projetiva o objeto se sente com raiva ou deprimido ou suicida ou homicida: em outras palavras, se sente totalmente possuído pelos sentimentos que foram colocados dentro dele, de tal modo que pode realizar um ato tão violento que pode provocar até mesmo a morte daqueles que usaram a identificação projetiva ou devolver o que foi colocado ao lugar (pessoa) de onde se originou. Em qualquer caso, outra pessoa será arrastada para o que começa a assumir a aparência de um sistema paranoico: uma terceira pessoa torna-se o objeto da identificação projetiva da constelação que, originalmente, surgiu na psique de A, depois é passada, pela identificação projetiva, para B. O processo pode prosseguir envolvendo, depois, C, D, E, F.

Nesse ponto se coloca um problema importante: se a constelação, procedendo de A para B, para C, para D etc., permanece inalterada ou é tornada "melhor" ou "pior" por cada uma das pessoas que a "manipulam" e "passam" para outra pessoa. Por analogia, vêm à mente as doenças infecciosas e, em particular, aquelas virais: quando o vírus infecta uma população sem defesa imunológica, a sua virulência aumenta, enquanto quando infecta uma população com defesas bem desenvolvidas sua virulência é atenuada. Quem não possui alguma imunidade contra a identificação projetiva da violência homicida tem a tendência a viver estados mentais extremamente violentos que podem ter origem em experiências individuais ou de grupo da primeira infância, mas, sobretudo, talvez, em fatores constitucionais. Contudo, não pretendo negligenciar a importância fundamental da transição de Ps para D, que é o processo mais importante para tornar inofensivo um estado intrapsíquico que desperta o medo. Estou tentando descrever uma lista de fatores que afetam o sucesso da elaboração da posição depressiva.

Quando as pessoas que têm em si uma estrutura psíquica perturbada são objeto de identificação projetiva e se tornam as receptadoras de projeções violentas o bastante para induzir ao homicídio, com grande facilidade passam a qualquer outro o que foi projetado dentro delas, não antes de terem acrescentado algo que vem da sua própria personalidade. A que ponto a comunicação psíquica se tornando inadequada para lidar com um dado estado de coisas é uma ação que torna tudo isso mais complexo? Isso que não pode ser transformado na mente e, sobretudo, que não pode ser modificado por uma tentativa de elaborar a posição depressiva assume sempre mais caracteres de concretude: o símbolo é atacado, se desintegra e torna-se equação simbólica. O ato, então, é uma versão atenuada de determinadas representações mentais ou também, em certas circunstâncias das quais darei exemplos, é a versão não atenuada de uma constelação intrapsíquica que tem a ver com a morte de uma vítima que pode ser definida como o objeto da projeção: é uma vítima que usa muito os mecanismos projetivos ou que, em certos casos, representa mesmo o assassino, um tipo de imagem especular narcisista desse último.

É raro que os processos descritos resultem em episódios realmente graves: em geral, intervêm fatores que reduzem e limitam sua periculosidade. O número de adolescentes que se matam ou matam outros é pequeno: os atos simbólicos e as fantasias que têm como objeto a morte são comuns; assassinato e suicídio são incomuns. No entanto, a polarização entre os instintos de vida e morte é muito marcante na adolescência, uma vez que os impulsos à reprodução, que nessa fase de desenvolvimento atingem a intensidade máxima e são incontroláveis, se sobrepõem aos impulsos que têm a ver com o instinto de morte. Estes às vezes são atuados, mas raramente se transformam em obras artísticas altamente criativas, pois derivam muito do imediatismo expressivo e da vitalidade do equilíbrio extremamente precário entre as forças da vida e as forças da morte (Segal, 1980). Às vezes o adolescente faz comunicações que ilustram muito bem o difícil trabalho do qual depende o seu desenvolvimento: isso consiste em unir e harmonizar, dentro de certos limites, as forças com tendências opostas que existem nele.

Um exemplo disso é o dilema de uma jovem de 15 anos e meio, fisicamente bem desenvolvida, que não conseguia aprender matemática para os exames obrigatórios que devia realizar ao término da escola. Um dia ela se dirige ao professor dizendo: "Não me resta outra coisa senão matar-me!". O professor exclama: "Oh, Deus!", ao que a jovem responde: "Não, então terei um bebê". Vários escritores têm tratado, enfrentando de diferentes pontos de vista, o problema matemático +1 (pessoa) ou –1 (pessoa). Gunga Din, a personagem de Kipling, matou um homem e, ao mesmo tempo, gerou um "homem" para assinalar o seu ingresso na adolescência. Keats, mortificado pela morte do irmão menor Tom e por ter ele próprio corrido risco de vida por causa da tuberculose contraída do irmão, escreveu, em "Ode a um rouxinol":

Agora, mais do que nunca
Me parece belo morrer, ter fim
Sem dor, tarde da noite

E, em outro soneto, chamado "Por que esta noite eu ri?":

Poesia, Glória e Beleza
São intensas, sim, claro, mas a Morte
É mais intensa, é um prêmio alto para a vida

Muitas vezes o enfraquecimento dos impulsos instintivos não é atribuído a uma autoridade interna, mas a uma autoridade externa, como pais, professores etc. Se ele é obrigado a não cometer erros e não criar problemas justamente enquanto estiver empenhado tentando alcançar os objetivos instintivos, sejam eles de natureza agressiva ou sexual, o adolescente pode reagir com um ato de submissão à autoridade (caso em que seu ímpeto vital pode ser evitado e forçado a se expressar de maneira anômala ou, às vezes, permanentemente danificado) ou com um ato de rebelião contra as restrições que a autoridade quer impor; a rebelião pode ser de violência exatamente igual àquela da ameaça ou bem superior e alcançar o assassinato (destruição) de quem representa a autoridade. Quando o conflito ocorre de acordo com o esquema a seguir, o resultado pode ser alarmante. As forças que representam o instinto de vida são atacadas na psique, pois são consideradas responsáveis por todo perigo; se o ataque é massivo, isso envolve a aniquilação das partes criativas do *self* e, portanto, a impossibilidade de realizar o trabalho criativo. O adolescente que nesse ponto se libera da autoridade que está dentro de si (superego), projetada na pessoa que de fato a representa, permanece sem guia interno e, portanto, sem a parte de si que tem a função de colocar limites e de conter. Ele fica, portanto, à mercê dos seus impulsos agressivos (destrutivos) e sexuais (criativos), sem freios.

Eu sempre pensei que, se aos impulsos sexuais fosse dada a permissão de exprimirem-se livremente, os impulsos agressivos não aumentariam de intensidade. A situação é mais complexa do que eu pensava, porque está ligada ao tipo de relações objetais e à natureza das fantasias relativas à sexualidade. Algumas manifestações chamadas de afeto são mais semelhantes a uma declaração de ódio; todos conhecem o modo de dizer: "Quando se tem amigos como ele, não há necessidade de inimigos". Após o fim da Segunda Guerra Mundial, sexualidade e violência puderam ser expressadas muito mais livremente, mas a mais fácil expressão de uma parece estar associada ao surgimento da outra. Voltemos ao caso da moça que tinha dificuldade com a ideia de +1 (criança) e –1 (morte). Podemos formular a hipótese de que existe uma relação recíproca entre criar, isto é, procriar, e matar, isto é, aniquilar, exatamente como no caso de Gunga Din, que, em sua cerimônia de iniciação à adolescência, matou um homem e gerou outro.

Além dos fatores psicológicos, são relevantes também os fatores etológicos. A procriação sem limites, extremo exemplo de sexualidade não sublimada, leva ao pesadelo malthusiano da superpopulação e, portanto, à morte por falta de comida. Por outro lado, o DDT e a bomba atômica podem provocar a destruição de qualquer forma viva: o DDT de modo progressivo e silencioso; a bomba atômica em um só golpe. Como pode um adolescente que pela primeira vez tem um certo poder sobre a vida e sobre a morte tomar decisões de modo equilibrado, como aquela de estabelecer quando matar (–1) e quando procriar ou ter uma gravidez e dar à luz um filho (+1)? Nesse caso, –1 age de maneira mais sutil do que na clara e imediata agressão de pervertidos sexuais que, ao contrário dos relatos normais que levam a +1, de fato simbolizam a morte de uma criança e são, portanto, expressões de –1. Dito em palavras mais simples: a sexualidade normal tem a ver com gerar filhos, enquanto a sexualidade perversa tem a ver com matá-los.

Algumas espécies de borboletas, como a *Euphydryas aurinia*,[2] depositam os ovos reunidos todos juntos sobre uma planta, a *Scabiosa succisa*.[3] Se a maior parte dos ovos se abre, as larvas comem com

2 Borboleta mais comum que vive nos prados úmidos e à margem das lagoas; as asas, de cor alourada tendendo a castanhas e com padrões pretos, têm uma abertura de cerca de 2 cm.

3 Planta herbácea, que pertence à família das Dipsacacee, antigamente usada para matar piolhos. As flores, em forma de estrelas, têm hastes com cerca de 25 cm de altura e são de cor malva clara.

grande voracidade todas as partes da planta que conseguem alcançar e acabam morrendo. Nos humanos, a ideia do nascimento de um filho (+1) é frequentemente associada à ideia de morte (–1). Um homem que eu tive em análise era atormentado por esse tipo de pensamento, que, para sua grande angústia, voltava constantemente à mente, até que descobrimos que provinha do medo pelo nascimento de um irmão menor (+1) que ele imaginava ter consumido, até destruir a planta que dava alimento, isto é, amor.

No exemplo citado, o processo de concretização é tal que amor e alimento são equiparados; é por isso que o pensamento vai às larvas *Euphydryas aurinia*.

Quando o sujeito é permeado por um estado mental caracterizado por um ódio que é incapaz de elaborar e integrar em sua psique, o adolescente pode se punir mesmo com um ato tão extremo como o suicídio. Mais frequentemente, porém, os impulsos destrutivos e violentos voltam-se para o mundo externo e seu alvo é a autoridade ou outra pessoa. Se no adolescente ocorreu uma transformação psíquica em sentido positivo, seus ataques a pessoas e objetos são somente uma pálida imagem daqueles que tiveram em fantasias. É raro que isso não aconteça e que a violência seja derramada com toda a sua fúria sobre uma pessoa escolhida, geralmente, por meio de processos inconscientes. Em alguns casos, aqueles que realizam o crime colocam em evidência, às vezes com algum fundamento de realidade, os aspectos da vítima mais odiados e percebidos como mais ameaçadores. Em outros casos, porém, a ideia de que a vítima estava realizando, havia completado ou estava prestes a fazer algo intolerável e hostil tem bases absolutamente delirantes.

As fantasias dos ataques que até aqui examinei ou estão sujeitas a um processo de transformação que atenua a intensidade ou são atuadas, sem ter sofrido qualquer mudança, contra quem é percebido como uma ameaça. Fundamentalmente a vítima é atacada porque é vista como má e está prestes a fazer coisas más, mas é importante ressaltar que às vezes ela é atacada porque é vista como boa e prestes a fazer coisas boas. M. Klein, em 1956, ilustrou em detalhes o mecanismo por meio do qual a inveja desempenha um papel predominante na remoção de todo valor de boas experiências. Segal descreveu a inveja como a primeira manifestação do instinto de morte que o bebê deixa vislumbrar. M. Klein sustentou que para a formação da inveja concorrem avidez e medo. Por medo ela entendia, creio, ansiedade persecutória. Avidez e ansiedade persecutória agem sinergicamente: o aumento de uma provoca o aumento da outra. Freud identificou a causa principal da reação terapêutica negativa em um forte e inconsciente sentimento de culpa. M. Klein tinha outra ideia sobre a causa da reação terapêutica negativa, talvez ainda mais importante que aquela assinalada por Freud, que é a inveja primária. A origem das graves reações terapêuticas negativas nos adolescentes frequentemente está em ambos os fatores, que se reforçam mutuamente. Não tenho certeza se a recusa (principalmente inconsciente, mas às vezes nos limites da consciência) em responder adequadamente às ofertas de compreensão, de ajuda e de simpatia expressa o impulso homicida por meio do qual, além da compreensão, da ajuda e da simpatia, é morta também a pessoa que as ofereceu. Uma ajuda genérica suscita um tipo de resposta diversa de uma relação de longa duração, na qual o adolescente tem a sensação de ser contido. É mesmo a duração, requisito fundamental de cada relação de contenção, que o adolescente coloca à prova, ameaçando a cada momento a interrupção da relação; entretanto, raramente a provoca e, desse modo, a relação objetal na qual a inveja domina é contornada e colocada fora de jogo, e o processo de maturação ocorre contra a vontade consciente do adolescente.

Depende de um grande número de fatores, muitos dos quais, como já foi dito, ligados ao núcleo constitucional-evolutivo de cada adolescente, se a terapia terá um resultado positivo ou não. O fator ambiental é sem dúvida importante e, às vezes, quase sempre, tem um papel decisivo. O sucesso terapêutico é muitas vezes extremamente incerto e permanece, por assim dizer, no fio da navalha, e eventos externos aparentemente menores são suficientes para alterar o equilíbrio em uma direção ou outra. Antes de examinar em detalhe os fatores favoráveis e aqueles desfavoráveis ao bom êxito do tratamento, vou me demorar ainda brevemente sobre a estrutura psíquica que é perigosa, isto é, sobre a estrutura psíquica dos adolescentes que, não tendo elaborado a posição depressiva suficientemente no primeiro ano de vida ou em sucessivas ocasiões, são presos pela ansiedade persecutória e não têm remorso por sua própria violência ou por sua própria destrutividade, nem pelos danos que infligem às pessoas que amam ou odeiam, ou simplesmente não sabem que talvez ataquem apenas por isso. A característica mais importante de um estado mental semelhante é a intolerância. A dor psíquica vem imediatamente vislumbrada como uma perseguição e então é evacuada em qualquer outro, cindida, negada ou atacada; o objetivo do ataque é o suposto perseguidor, mas, se esse é uma pessoa amada ou sentida como necessária (a mãe, a mulher, um bebê), então o alvo se torna outro, que tem a função de bode expiatório. Na Inglaterra, a maior parte dos homicidas conhece a vítima. Já em outros países, sobretudo nos Estados Unidos, ocorre o oposto, a escolha é feita de modo a salvar a pessoa conhecida, o perseguidor originário. A bem da verdade, porém, não é exatamente isso. Seria mais correto dizer que a imagem intrapsíquica do perseguidor que encontra o seu correspondente em uma pessoa do mundo externo, por exemplo, na mãe por quem se nutrem sentimentos de afeto, se projeta naqueles que de alguma forma facilitam a projeção ou a identificação projetiva. Precisamente porque equiparada ao perseguidor, essa pessoa é levada a sofrer e talvez ser morta. Um dos perigos da violência baseada em mecanismos desse tipo é a possibilidade de a vítima ser apenas abominada e não amada: o amor não se opõe ao ódio e ao impulso homicida e, portanto, a violência não diminui. Por acaso, encontrei adolescentes decididos a matar uma jovem: em sua mente, ela representava tanto a jovem que os rejeitara como a irmã que lhes roubara o afeto materno. Penso que seja útil dar um breve exemplo. Uma jovem mulher de aspecto muito agradável e sexualmente bem desenvolvida foi atacada por um desconhecido que tinha a intenção de matá-la; surpresa e aterrorizada, ela disse alguma palavra com voz suave. Ao improviso, a situação mudou: a jovem, na mente do desconhecido, veio a corresponder à imagem de uma irmã muito amada que não fazia parte do grupo de irmãos e irmãs do qual ele havia sofrido rivalidades dolorosas. O potencial assassino, que até alguns momentos antes tinha designado sua vítima, se viu oferecendo um lenço para lhe enxugar as lágrimas, e falando com ela, para sua grande surpresa, num tom afetuoso, dizendo palavras de consolo. Finalmente ele permitiu que ela saísse e ela acenou com a mão, em cumprimento, até que desapareceu em uma curva. Esse exemplo mostra quanto é importante que os impulsos violentamente destrutivos, e também homicidas, sejam vividos em circunstâncias tais que possam ser acalmados pelas tendências reparatórias. Isso nos traz de volta ao problema da contenção, da pressão persecutória e da autoestima. Como afirmou M. Klein (1934/1978), os criminosos não são privados de consciência: eles possuem, ao contrário, uma consciência extremamente cruel, que age como um estímulo (aguilhão) em vez de um guia, como agente provocador em vez de intermediário pacificador. Embora seu mundo interior às vezes o leve à violência, o adolescente geralmente tem alguma capacidade de responder à contenção. Por contenção eu entendo uma relação com um familiar (ou com uma pessoa que faça parte de uma comunidade terapêutica ou de uma instituição) que esteja em condições de conter, isto é, de levar a sério sem, porém, reagir de modo indignado ou aterrorizado e sem reprovar ou impor nada, a constelação de violência e destrutividade que, alojada na psique do adolescente, o perturba. Existem pessoas que são naturalmente dotadas da capacidade de conter, enquanto outras aprendem a técnica. Isso que é contido em nome de um adolescente que sofre deve ser elaborado, colocado em relação com as causas do sofrimento e então restituído ao adolescente de uma forma tal que ele possa continuar o trabalho ligado àquele problema em particular. Se esse processo, que consiste na contenção e no restituir aquilo que foi contido após tê-lo integrado, acontece muitas vezes e por um longo período, é possível ajudar o adolescente perturbado, desde que lhe seja permitido negociar novamente, e melhor do que originalmente fizeram, a posição depressiva. De fato, o processo do qual falei deixa aberta a porta para um posterior desenvolvimento em sentido positivo. Se, em vez disso, a posição depressiva não é elaborada de modo apropriado, a contenção ajuda somente a superar uma crise.

Nos adolescentes menos perturbados, pode-se sem dúvida obter uma melhora que, ao final, se não for arruinada por circunstâncias que determinam o retorno a uma condição caracterizada pela ansiedade persecutória, torna-se significativa. Já nos adolescentes que têm uma patologia mais grave, é muito problemático fazer com que o estado de ansiedade persecutória desapareça, porque tudo o que provoca dor psíquica é vivido não como alguma coisa que lhe deixa triste, mas que o faz sentir raiva e, então, o estado seguinte consiste em atacar a pessoa, a coisa, ou a lei que causou a raiva. Frequentemente o ataque piora a situação, mas traz um alívio tão imediato que nada mais parece importar. Portanto, é de grande importância o que acontece durante o período, que pode ser muito longo, no qual um adolescente perturbado e violento começa a melhorar. Devemos esperar que não muitas coisas aconteçam cedo demais: acontece com extrema facilidade e com grande frequência que um tratamento esperançoso no início seja arruinado. É natural que o adolescente que promete às vezes faça, ao nível consciente ou inconsciente, um teste de realidade, que pode consistir na evacuação de sentimentos agressivos ou no "retorno" às figuras autoritárias, e assim pode se lamentar, às vezes com algum bom motivo, que x, y ou z tenham mudado de atitude e se tornado "desgraçados horríveis". Se em uma situação desse tipo predomina a inveja, o adolescente pode danificar a si mesmo com razão, a fim de triunfar sobre a autoridade que "esperava algo melhor" dele. Trabalhar de perto com adolescentes, especialmente se eles são agressivos, é extremamente pesado porque você se torna o alvo de suas identificações projetivas. Quem trabalha com adolescentes deve estar em condições de conter-se; em seguida, de não colocar para fora imediatamente aquilo que foi colocado dentro dele: isso não significa que a sua função seja, por força, aquela de reconduzir à calma. Há uma grande diferença entre tolerar e aplacar, e quem é tolerante percebe com clareza aquilo que é justo e aquilo que é errado. O profissional tolerante, embora rejeite o papel de consciência punitiva que os adolescentes agressivos, individualmente ou em grupo, tentam vincular a ele, não se deixa induzir a ser conivente com suas atividades delinquentes, nem se deixa arrastar para situações em que é impossível para ele se comportar como autoridade responsável. Eu ilustrei a maneira pela qual podemos tentar oferecer ajuda não apenas para o adolescente que não foi capaz de se adaptar ao mundo externo nem de suportar psiquicamente as tensões que o crescimento em um ambiente social complexo como o nosso normalmente envolve, mas também para o adolescente que, tendo encontrado dificuldades fora do comum, não tem uma contenção adequada, de modo que uma reação não particularmente anormal por si só produz efeitos negativos no desenvolvimento da capacidade de adaptação. Se for solicitado aos adolescentes incapazes de suportar mesmo as tensões comuns que sustentem um estresse muito intenso, surgem, e isso não deveria ser surpresa, dificuldades que no adolescente agressivo se manifestam principalmente por meio de atos prejudiciais e destrutivos.

Quando, em vez disso, o conjunto de atitudes e sentimentos associados à posição esquizoparanoide é absorvido em si mesmo, o quadro é completamente diferente: os sentimentos agressivos, característicos dos estados de privação, de opressão e de rancor pelas injustiças sofridas, podem ser elaborados em sentido positivo com consequências notáveis de longos movimentos do eixo Ps ↔ D, que é sinal de uma substancial melhora do estado intrapsíquico. No entanto, alguns adolescentes não são capazes de lidar com o que têm dentro de si ou o que já existe neles, porque não podem se mover para D. Em alguns casos, à falta de movimento segue-se uma maciça evacuação do intolerável estado psíquico; em outros, tomam-se ações que representam no mundo externo a situação do mundo interno, ou é o mundo interno que é atacado: trata-se de ataques passíveis de se manifestar de um ou mais modos diversos, por exemplo, suicídio, doenças psicossomáticas, tendência a acidentes, doenças mentais do tipo neurótico ou psicótico, fracasso na escola ou no trabalho, hipocondria. A tendência a ter acidentes e à hipocondria está no limite entre o ataque a si próprio e o ataque àquilo que está fora de si.

6. O adolescente e o crime[1]

A adolescência, com todas as suas manifestações turbulentas, é aquele período de desorientação que tem sua origem no impacto causado pela erupção do desenvolvimento psicobiológico da puberdade. Durante a puberdade o corpo cresce rapidamente até se tornar semelhante àquele dos adultos; também as pulsões sexuais e agressivas pelo estímulo dos hormônios tornam-se muitíssimo intensas; a intensidade, é obvio, difere de pessoa para pessoa.

Permissividade e disciplina rígida variam não somente segundo a cultura, mas também, na mesma cultura, segundo o período histórico: é suficiente tomar em exame o aumento da permissividade sexual entre os adolescentes a partir da Segunda Guerra Mundial para perceber isso. Não obstante essa maior liberdade, os adolescentes colocam a dura prova os limites que lhes foram impostos e pressionam para quebrá-los. Eles se comportam com inteligência, perspicácia e espírito de iniciativa se forem guiados por sua parte relativamente adulta; em vez disso, têm uma atitude confusa, insolente, crítica e

---

1 Conferência realizada em Brisbane em 1980.

até violenta se forem guiados sobretudo pela parte infantil do eu, ainda ativa no adolescente.

Nos *Três ensaios sobre a teoria da sexualidade*, escritos ao final do século XIX e publicados em 1905, Freud discute as aberrações sexuais (primeiro ensaio); a sexualidade infantil, um argumento até o momento muito pouco estudado e em grande parte desconhecido (segundo ensaio); e as tarefas que aguardam meninos e meninas durante e após a puberdade, ou seja, na adolescência (terceiro ensaio, intitulado "As transformações da puberdade"). Freud aborda os problemas sexuais do jovem e de seus pais e conhecidos, isto é, aqueles que foram então considerados os maiores problemas da esfera sexual.

Freud, nos *Três ensaios*, não ignorou completamente a agressividade e a violência, mas não lhes atribuiu a importância que elas têm atualmente nos estudos sobre adolescentes. Hoje a sexualidade é muito mais livre que naquele tempo, enquanto a violência e a criminalidade se tornaram problemas muito sérios. Esses são os problemas que discutirei.

Edward Glover, em *The Roots of Crime* (As raízes do crime) (1960), afirma que, em sua opinião, o crime é parte do preço pago pela domesticação de um animal que por si é selvagem. Em termos mais moderados, o crime é uma das consequências do insucesso da domesticação. Ele escreveu também que um outro exemplo desse insucesso é representado pelas neuroses e que, enquanto o neurótico maltrata principalmente a si mesmo, o criminoso afeta principalmente os outros, a sociedade e os bens materiais.

Parece-me óbvio que as pulsões sexuais que nós todos provamos são ligadas à preservação da raça ou da espécie. Também as pulsões agressivas não têm somente a função de preservar o indivíduo de um mundo de extrema competitividade, mas também aquela de garantir a ele a sobrevivência por um período longo o bastante para tornar possível conceber e criar as crianças pequenas, que são mais ou menos indefesas. Nós somos extraordinariamente bem equipados para o tipo de vida que deve ter existido há 2 mil anos, mas não tão bem equipados para enfrentar os perigos do nosso tempo. Os adolescentes enfrentam esses perigos de frente e passam, lenta ou muito rapidamente, do estado de dependência dos pais ou daqueles que ocupam seu lugar, característico dos filhos, à reivindicação do direito de ser livre, de se separar da família e de competir em um contexto social mais amplo. Os adolescentes tendem a reunir-se em grupos, grupos etários e de jovens semelhantes entre si, a fim de encontrar algo mais estimulante e compreensivo do que aquilo formado pelo núcleo familiar, percebido – e às vezes verdadeiramente – como capaz de impor somente limites e restrições. O número de componentes do grupo etário corresponde mais ou menos àquele da família extendida, ou, segundo Desmond Morris e Robert Ardrey, aquele grupo de caçadores dos tempos antigos.

Quando recorre à violência e ao crime, o adolescente enfrenta problemas em pelo menos duas frentes: naquela constituída do que está dentro dele e naquela constituída daquilo que tem origem no mundo externo e entra nele, onde pode interagir, positiva ou negativamente, com o que encontra lá. Se o adolescente se encontra em um estado mental dominado pela violência e tem dificuldade em contê-la, pode executar um crime contra uma pessoa que conhece ou é desconhecida para ele, mas que em qualquer caso representa um bode expiatório. Em certos casos, em vez disso, ele "ingere" de volta sua própria violência: o ataque contra si mesmo se manifesta na forma de um estado de pânico, inibições, doença psicossomática ou hipocondríaca. Também pode acontecer de o adolescente se infligir feridas bem visíveis, por exemplo, cortando os pulsos. Às vezes, o processo segue a direção oposta e o adolescente se torna muito cortês, carinhoso e preocupado em fazer o bem. Não é incomum que a violência se disfarce na forma de atos corajosos ou numa paixão por esportes em que a vida é ameaçada, como alpinismo e automobilismo. As vicissitudes das pulsões sexuais são semelhantes: de fato, se forem atuadas, as pulsões podem provocar um dano ao próprio adolescente e/ou a outra pessoa. Entretanto, se contidas, podem prejudicar o *self* do adolescente. Além disso, às vezes degeneram e se manifestam de forma aberrante ou perversa. Ao contrário da maioria dos impulsos agressivos, os impulsos sexuais podem ser desfrutados juntos com outra pessoa com prazer recíproco.

Ainda não mencionei o papel desempenhado pelas fantasias, sejam elas conscientes ou inconscientes. Susan Isaacs, em seu notável trabalho de 1944, "The nature and function of phantasy" (A natureza e a função da fantasia), afirmou que a fantasia, em particular em seu modo inconsciente, é a representação mental dos instintos, e que cada ação é precedida de uma fantasia consciente e/ou inconsciente. Em geral a ação representada ou contida na fantasia é submetida ao exame de realidade que pode ocorrer consciente ou inconscientemente, ou parcialmente consciente e parcialmente inconscientemente. Em muitas pessoas, e mesmo em adolescentes não muito perturbados, as constelações de fantasias podem ser modificadas parcial ou radicalmente, o que significa que pode acontecer algo de muito importante: que pode operar um tampão intrapsíquico o qual, interpondo-se entre pulsões e ações, faz com que estas não sejam executadas ou sejam de formas tão brandas que resultem inofensivas. É necessário que transcorra um certo tempo antes que o mecanismo descrito (tampão intrapsíquico) possa desenvolver-se nos adolescentes até que se torne um sistema de proteção relativamente confiável; no entanto, mesmo depois de consolidado, pode ser desativado, no todo ou em parte, por situações estressantes de vários tipos. Por exemplo, o luto, o estado de embriaguez, a séria provocação, aquele perigo, em particular que se dirige a um ente querido, podem demolir o mecanismo citado, que está em evolução, mas é relativamente frágil. O uso da fantasia é de extrema importância porque permite à maior parte das pessoas ter uma ideia do que está acontecendo e também vislumbrar as prováveis consequências da fantasia se ela se materializar. Isso significa que muitas vezes ela não é concretizada, o que faz com que frequentemente a fantasia não seja atuada. Sempre que isso acontece, um teste de "experimentar" é concluído com sucesso e evita que se passe para o ato. Muitos adolescentes perturbados parecem ser incapazes de realizar o teste, e nisso se assemelham à maioria dos criminosos, que parecem incapazes de interpor qualquer barreira entre pulsões e ações. Essa é também a única modalidade de comportamento que os psicopatas conhecem. As inúmeras entrevistas que tive com pessoas agindo da maneira descrita e a terapia de alguns me convenceram de que atuar é o único meio que elas possuem para atenuar, por um curto período, sua intolerável situação interna. O mecanismo do tampão intrapsíquico, que com o tempo conduz à capacidade de contenção e à atenuação das pulsões violentas e criminosas, se desenvolve, ainda que com grande lentidão, na maior parte dos adolescentes, mas não naqueles que adotaram um estilo criminoso de vida. Um criminoso de quem tratei na prisão há alguns anos me dizia que a única coisa que poderia fazer cessar seu comportamento extremamente agressivo era ter relações sexuais violentas ao menos uma vez por dia; caso contrário, realizaria ações cruéis, mas não do tipo sexual. Esse exemplo nos faz ver como as pulsões sexuais e agressivas são ligadas entre si.

Uma das diferenças essenciais entre desenvolvimento normal e patológico está na capacidade de sentir alívio, e às vezes também prazer, ao elaborar determinadas situações na própria mente, diminuindo os tons mais excitantes para que a necessidade de agir desapareça; é indicador de evolução em sentido positivo ser capaz de usar a fantasia como substituto em vez de como precursor do agir. Se o estado mental não é muito perturbado, ao final de uma série de fantasias a tensão não é muito aumentada porque as próprias fantasias levaram a aplacar as tensões; quem é psicologicamente menos maduro e integrado obtém essa diminuição da tensão somente por meio do agir. Agir significa, de fato, dar forma concreta às fantasias.

A violência dos comportamentos é mais ou menos frequente e grave nas relações sexuais: houve um tempo em que eram violentas, de forma direta, quase somente as pessoas de sexo masculino; agora a situação, dentro de certos limites, mudou. Não faz muito tempo que as mulheres toleravam, encorajavam e facilitavam violência e crime, mas não realizavam atos violentos e criminosos. Embora ações violentas da parte de mulheres sempre tenham existido, elas eram percentualmente exíguas. Esses são crimes tipicamente "masculinos", ou seja, praticados por mulheres identificadas com homens, como é evidente, por exemplo, pelas agressões feitas na rua por grupos de meninas adolescentes. Após um episódio de violência em um local público, uma vez me pediram para entrevistar uma garota que, vestida de maneira masculina, havia enfrentado e brigado com um jovem. Ela ficou impressionada com o grau de violência de homens de verdade e ainda mais com a sincera preocupação que o jovem lhe mostrara quando percebeu que lhe causara muitos danos por pensar que estava brigando com um garoto menos robusto que ele.

A carga destrutiva inerente a um ato violento tenderá sempre a aumentar ou a reduzir, dependendo da capacidade da pessoa de se arrepender dos danos infligidos à vítima ferida ou ao oponente derrotado. Alguns adolescentes possuem o mecanismo que lhes permite conter a violência que sentem dentro de si: é como uma onda que, avançando sobre a praia, perde força e recua sem causar nenhum dano; outros, em vez disso, e também alguns adultos, parecem carecer desse mecanismo. A violência neles não atua como uma única onda que quebra sem causar danos na areia de uma praia, mas como um *tsunami* seguido por outras ondas que aumentam cada vez mais os danos. A agressividade pode seguir dois caminhos diversos: um não é perigoso nem conduz a nenhum aumento da violência, o outro estimula a crueldade, faz perder o controle e aumenta a violência, que às vezes resulta no assassinato e na destruição de tudo em seu caminho. Qual é a diferença entre os dois caminhos? Pode acontecer que uma se transforme na outra? A diversidade entre violência "benigna" e "maligna" depende do tipo de ansiedade predominante na vida psíquica da pessoa em um determinado momento: em todos nós a ansiedade oscila continuamente entre os dois tipos fundamentais, persecutório e depressivo. A ansiedade primitiva, que é do tipo persecutório, é encontrada em todo ser capaz de sentir ansiedade; o aproximar-se de qualquer coisa desconhecida é sentido como uma ameaça e, quando a situação se torna suspeita, a ameaça é vista como uma ameaça à vida.

Na natureza, um atento exame do suposto perigo pode levar à diminuição ou ao aumento do temor: também os seres menos evoluídos são capazes de fazer um exame de realidade cujo fim é aquele de garantir a própria sobrevivência. Aspecto típico e fundamental do comportamento é que como alguém trata os outros, na realidade ou em fantasia, do mesmo modo pensa que será tratado, na realidade ou em fantasia, pelos outros. Portanto, se o adolescente se sente malévolo, cruel e voraz, pensa que ele próprio será tratado de maneira malévola, cruel e voraz.

Desejo ilustrar com dois exemplos clínicos a mudança da violência "benigna" para a "maligna" e vice-versa.

1) Um dia, uma moça que tinha fama de ser "fácil" ofendeu ferozmente os pais do jovem que tentava penetrá-la. Esse ato violento deu origem a uma reação em cadeia: a agressividade dele desencadeou a "crueldade" dela e esta a dele. O resultado foi que

a garota o rejeitou e continuou a insultá-lo; então ele pegou uma barra de ferro e bateu na cabeça dela, matando-a. Nenhum registro criminal foi cobrado do jovem por não ter antecedentes criminais.

2) O outro exemplo é o de um jovem com antecedentes criminais que jogou no gramado à beira de uma estrada solitária uma garota com uma aparência agradável com a intenção de estuprá-la. Quando ele a dominou e colocou os braços em volta do peito dela, que subia e descia pesadamente, percebeu que o coração dela batia de terror e que lágrimas corriam pelo rosto sem rugas da jovem. Nesse ponto, o tipo de ansiedade predominante no jovem mudou, e de repente ele sentiu tristeza e ternura pela garota: ele a libertou, enxugou as lágrimas dela e pediu desculpas. A menina foi recolhida por um carro de polícia e, quando perguntada por que estava desarrumada e em desordem, ela deu a explicação com certa relutância. O homem, localizado e acusado de tentativa de estupro, foi condenado, mas não se importou. Desejo sublinhar duas coisas: antes de tudo, a enorme importância do que acontece no mundo interno da pessoa, que faz com que ela atue na determinação do que acontecerá a seguir; depois, como o jovem foi inexoravelmente atraído a colocar em prática suas fantasias, pelas quais, ao final, foi punido. Mas ele permaneceu honesto consigo mesmo, e a capacidade de lidar honestamente com seus problemas e usar o tratamento psicoterapêutico permitiu que ele fizesse uma mudança excepcional vários anos após o episódio.

Por fim, gostaria de mencionar um caso menos dramático: o de um jovem oficial muito talentoso cuja personalidade era dividida em duas partes completamente diferentes. Os professores de um curso que ele frequentou na escola oficial, em seu relatório, escreveram: "É provável que este oficial ganhe uma grande honraria, ou um julgamento perante a corte marcial". Ele ganhou os dois e ambos foram merecidos.

Voltemos ao que aconteceu ao potencial estuprador quando sentiu compaixão e ternura por sua vítima. A ansiedade persecutória que inicialmente o invadira foi superada pela ansiedade depressiva, muito mais madura, que se baseia, em particular, na preocupação e no arrependimento pelos danos infligidos ou que podem ser infligidos a outros não apenas com ações, mas também na fantasia. O paciente que mencionei anteriormente tinha sido capaz de aceitar os sentimentos de tristeza e arrependimento pelo crime que começara a praticar; o arrependimento, que antecipava o crime que já havia ocorrido em sua mente, foi o fator crucial que mudou o curso dos acontecimentos. Nas pessoas que não conseguem tolerar o luto pelo crime cometido em sua mente, a dor psíquica insuportável é aliviada um pouco e por um curto período, precisamente pela implementação efetiva do crime. Um jovem que agredia meninas pré-adolescentes me disse: "Veja, dentro de mim, na minha cabeça, eu já cometi a agressão, e quando não resisto mais, saio, encontro uma garota e faço aquilo que fiz na minha cabeça, só então fico melhor. Mas frequentemente me pegam".

Nos casos mais patológicos, ver a vítima ferida e ouvir seus lamentos constitui uma repreensão para aqueles que cometeram o crime, e todos os meios são usados para acabar com ela; por esse motivo, a vítima é atacada. No agressor, há uma série de rápidas modificações: o surgimento de sentimentos de tristeza, preocupação e remorso faz com que a vítima, da qual eles parecem se originar, seja vivenciada como um ser perseguidor e, portanto, assolada pelo aumento da violência. Estou falando, naturalmente, da dor psíquica e da capacidade de tolerá-la. As pessoas que por razões constitucionais ou por motivos que derivam das experiências dos primeiros períodos de vida privilegiam o ódio em relação ao amor encontram notável dificuldade no desenvolvimento.

O conflito entre objeto bom e objeto mau, com os relativos opostos tipos de ansiedade, continua por toda a vida, mas é sobretudo na adolescência que ele se repete incessantemente. Que tipo de adulto emergirá depende muito do que M. Klein chama de capacidade para renegociar a posição depressiva.

O ambiente no qual o indivíduo vive e age é constituído pela família, pelos companheiros de trabalho, pelos companheiros da escola e do grupo da mesma idade; o grupo é baseado em algo que seus componentes têm em comum: o desejo, por exemplo, de compartilhar certos interesses, de defender-se contra a ansiedade e o sentimento de culpa, de dar vazão à violência, de experimentar novas sensações, como beber e usar drogas, cometer crimes, como fazem algumas gangues. A luta cruel entre tendência persecutória e depressiva frequentemente se aquieta se no grupo são impedidos sentimentos de ternura e afeição e também o interesse pelos outros componentes, e se tudo o que é horrível e os maus sentimentos são colocados para fora, no mundo externo, ou são atribuídos a grupos rivais ou então a outros grupos. Às vezes, é claro para qualquer pessoa quão injusta é a polarização entre o bem e o mal. O deslocamento de sentimentos hostis da pessoa com quem devemos estar junto e tolerar para um inimigo externo aparece em todas as suas evidências em "The Rolling English Road", de G. K. Chesterton: "*I knew no harm of Bonaparte...*".

A polarização entre quem está "no grupo", isto é, os bons, e quem está "fora do grupo", isto é, os maus, é tanto mais perigosa quanto mais intensa for a animosidade em relação àqueles que estão "fora do grupo". O grupo pode simplesmente ter um caráter exclusivo, como certos clubes, ou se tornar uma organização do tipo nazista, cujo objetivo é encontrar um bode expiatório. Uma polarização desse tipo constitui um perigo para o adolescente, no nível psicológico, pois permite que, enquanto membro do grupo, se abstenha de transformar e elaborar suas fantasias cruéis e agressivas e, portanto, também faz com que evite mudanças positivas que, de outra forma, teriam ocorrido. Portanto, a ansiedade que costuma predominar em estados de excitação, perigo grave, desejo não controlável, decepção e luto é a persecutória, mas ela limita e esvazia o crescimento, o desenvolvimento e a integração e também faz o adolescente recorrer, com maior facilidade, a atos destrutivos em relação aos outros ou a si próprio. Também existem pessoas, e são casos extremos, que, quando se tornam parte de um grupo agressivo, violento e paranoico, pioram do ponto de vista psíquico: o costume de agir com desprezo pelas leis (por exemplo, do Estado ou da igreja) faz com que vivam os crimes cometidos como se fossem ações perfeitamente normais e, ao mesmo tempo, se comportem de maneira cada vez mais violenta. Um dos romances que melhor descrevem esse processo de degradação nos jovens é *O senhor das moscas*, de W. Golding, enquanto um relato preciso e aprofundado sobre os funcionários dos campos de extermínio nazistas pode ser encontrado em *Licensed Mass Murder* (Assassinato em massa autorizado), de H. V. Dicks. Quanto a mim, a impressão mais intensa de desprezo pela vida eu tive de uma jovem de 17 anos que decapitava frangos para assar no espeto (esse era seu trabalho) enquanto o rádio transmitia uma música ensurdecedora. O trabalho que uma pessoa normalmente faz pode ser fonte de um processo de embrutecimento que é intrínseco ao trabalho em si, como é observado em criminosos profissionais, ou uma reação ao tipo específico de trabalho, como observado, por exemplo, entre guardas prisionais e funcionários da administração fiscal.

Acredito que tenha chegado a hora de considerar os fatores que melhoram e os que pioram uma dada situação. Quanto aos guardas da prisão, a violência e o cinismo são colocados dentro deles em grandes quantidades pelos presos, com quem passam muitas horas todos os dias. Portanto, eles não podem evitar abordar a violência e o cinismo dos prisioneiros, que se misturam com os deles e os aumentam. Já que ninguém jamais ensinou aos guardas da prisão como lidar com a situação psíquica criada, não é de admirar que a indiferença em relação aos outros, a observância obtusa da regulamentação e a maldade em geral sejam frequentes. O que me surpreende é que um número relativamente grande de guardas da prisão consiga escapar do processo de brutalização. As mesmas considerações valem para os agentes de polícia que estão em contato com uma faixa da população muito mais ampla: às vezes eles são extremamente corretos com os criminosos, enquanto maltratam quem não é criminoso, mas cometeu uma infração de pouco valor. No artigo intitulado "O adolescente e a violência", descrevi em termos gerais o processo de identificação projetiva e evidenciei sua diferença em relação à projeção. Desejo agora mostrar o uso que o adolescente pode fazer do processo. Às vezes ele parece estar satisfeito somente quando um ou ambos os pais são possuídos por um estado mental que na verdade pertence a ele mesmo, para reagir de maneira violenta, punitiva e, acima de tudo, irracional: se consegue situar os seus conflitos fora de si, o adolescente tem a impressão de que é mais fácil delinear a própria identidade. Os adolescentes com tendência criminosa frequentemente se servem da identificação projetiva para evacuar nos pais as imagens de pais punitivos, severos e contrários à sexualidade que pertencem ao seu mundo interno: os pais reais são possuídos pela caricatura de si mesmos. É particularmente contra essas imagens distorcidas dos pais que se desencadeia a violência dos adolescentes que têm problemas graves.

Percebo que tudo isso não só parece, mas de fato é, muito complexo. Contudo, creio que seja necessário ter um certo conhecimento de determinados processos mentais para entender os adolescentes perturbados: eles podem exasperar, mas também ser estimulantes e excitantes. Por isso mesmo, é preciso estarmos atentos. Junto às confusões e à desordem no adolescente, que às vezes, em um intervalo de tempo muito curto, pode sentir-se poeta, padre, filósofo, gângster, político, falido, depravado ou campeão sexual, há frequentemente um desejo sincero de saber e, portanto, de perceber os sentimentos estranhos e contraditórios que lhe causam desconforto e inquietação. Acabei de dizer que, se a excitação é transmitida ao profissional, é preciso ter cuidado: cuidado para observar se os problemas não resolvidos do adolescente foram reativados. Em caso afirmativo, o profissional deve buscar ajuda e possivelmente deve ser dispensado de se encarregar de novos casos até que sua turbulência diminua, pelo menos em parte.

Às vezes a identificação procede no sentido oposto àquele indicado: o adolescente conclui muito rapidamente a adolescência e se comporta como um adulto, enquanto, na verdade, adquiriu somente um eu pseudoadulto e falso. Qual pessoa, ao final, emergirá depende, sobretudo, da medida em que o processo de elaboração foi evitado e do tipo de adulto que o adolescente apreendeu como modelo. Também não se deve esquecer que se o jovem se forma de modo muito servil sob qualquer outro, sacrificando em parte ou totalmente suas características mais genuínas e pessoais, vai ao encontro de um grave dano.

O adolescente se libera ou tenta liberar-se colocando nos pais, nos professores, nos adultos em geral ou em outros adolescentes as partes não desejáveis de si mesmo. Quem as recebe pode fazê-las desaparecer sem deixar vestígios ou melhorá-las, modificá-las e depois "devolvê-las ao remetente", de forma que possam ser processadas e usadas posteriormente. Mas, às vezes, ocorre que essas partes se tornam piores porque não foram transformadas, ou foram distorcidas ou adicionadas aos problemas pessoais daqueles que as "manipularam", portanto, ao "proprietário". Quando essas partes são restituídas, o adolescente fica pior, se sente mais doente: mais louco, mais deprimido ou mais violento. Uma situação por si só já difícil torna-se perigosa quando uma pessoa perturbada cuida disso. O caso a seguir exemplifica esse processo: um jovem desertor que se dirigiu a um suboficial para discutir algumas de suas dificuldades, enfurecido pelas tentativas de sedução homossexual por parte do suboficial, o matou.

O álcool é usado pelo adolescente para suprimir conflitos internos ou para animar uma situação percebida como estática. Os fármacos constituem um problema muito mais complexo: têm efeitos extraordinários, mas reduzem também o contato com a realidade interna e externa. Como já foi dito, o problema dos tranquilizantes é que tornam os adolescentes tranquilos em circunstâncias em que não deveriam sê-lo. O uso prolongado e contínuo de fármacos, em geral, piora os estados graves porque impede a atividade dos fatores psíquicos que ajudam na melhora enquanto estimulam os fatores destrutivos. Uma das consequências do uso de álcool ou de drogas é seu efeito comparável em um certo momento, principalmente no período inicial, ao que seria obtido fechando a caixa de Pandora após o surgimento das fúrias, ou seja, aqueles estados mentais primitivos, violentos, incontroláveis e confusos que precedem o comportamento destrutivo. Infelizmente, quando as fúrias acontecem, a situação está muito deteriorada para que a ab-reação tenha um efeito positivo: ao contrário da caixa de Pandora, não há esperança no fundo dessa caixa.

Da mesma forma, ideologias confusas podem ter efeitos deletérios: ações destrutivas e violentas são realizadas em nome de ideais que, na realidade, servem apenas para justificá-las.

Vou agora tentar tirar algumas conclusões do que disse sobre adolescentes, violência e crime. Gostaria de considerar novamente a ideia de Glover de que violência e crime são expressões do fracasso dos esforços para domesticar tendências humanas primitivas. Natureza e educação agem em uníssono: com toda a probabilidade, a criança que não tem limites foi criada em uma família em que um dos pais (ou ambos) elaborou ou tentou controlar sua própria falta de limites. Indagando com extrema precisão a vida de um assassino, descobri que, quando criança, ele era espancado com muita frequência e por isso desejava e ao mesmo tempo temia a morte. Quando adulto, matou um homem que, sem dúvida, representava seu pai. A prostituição como forma de criminalidade feminina é bastante frequente entre as mães de jovens criminosos (e mesmo entre os chamados adultos). Às vezes, a criminalidade da mulher, representada por permitir que o marido continue sua atividade delinquencial sem que ela lhe coloque algum freio, faz com que seus filhos se identifiquem regressivamente com o pai e depois compitam com ele.

A família que funciona como um bom continente pode fazer frente ao excessivo peso psíquico que às vezes recai sobre o adolescente, reduzindo-o e contendo-o até que ele seja capaz de digeri-lo e metabolizá-lo por si mesmo. Se, ao contrário o ambiente não funciona como contenção, os adolescentes em dificuldade são evitados, continuamente repreendidos e, portanto, não recebem ajuda. Ainda mais prejudiciais são os pais que negam que seu filho possa ter feito "coisas assim". Tolerar é essencial, compreender é desejável, apaziguar apenas pode levar a maus resultados, pois significa recompensar por algo que não foi aprovado.

Como mencionei anteriormente, o problema fundamental consiste em determinar se pode acontecer o movimento do estado de ansiedade mais primitivo (persecutória) para o da ansiedade mais madura (depressiva) e também se a situação pode se estabilizar por um período suficientemente longo na extremidade D do eixo Ps $\leftrightarrow$ D.[2]

2 Ver nota 1 do Capítulo 5.

Estamos lidando com as experiências de dois mundos complexos, o interno e o externo. O que acontece no mundo interno, como a crise do desenvolvimento da puberdade, e/ou no mundo externo (às vezes as coisas acontecem simultaneamente em ambos), pode representar um "alimento" indigesto para o adolescente. A tarefa de quem cuida dele – pais, professores, assistentes sociais – consiste em dar a ele a possibilidade de digerir esse "alimento" para que os processos normais de crescimento e maturação possam continuar. Alguns adolescentes, por razões que dependem de sua constituição ou da maneira como foram criados, são menos "normais" que outros, ou seja, têm mais dificuldades e, portanto, necessitam de atenção e cuidados mais longos do que os que mencionei. Esses adolescentes devem ser dirigidos a especialistas para um tratamento mais prolongado. Psicoterapia e psicanálise são para a mente aquilo que a ortopedia é para as malformações do corpo: em ambos os casos, o tratamento dura muito tempo.

7. Riscos no trabalho com adolescentes perturbados[1]

Uma das características fundamentais da relação entre profissional e adolescente é a influência recíproca de um sobre o outro. Creio que seja importante compreender em que consiste essa influência e quais problemas resultarão disso. Portanto, é necessário tentar esclarecer os aspectos mais obscuros do relacionamento e focalizar a estrutura da personalidade daqueles que cuidam do adolescente ou tentam tratá-lo com psicoterapia individual ou em grupo. Examinarei a relação que se cria entre profissional e paciente e também sua evolução, seus limites e as perversões às vezes inerentes a ela.

Uma dupla relação é estabelecida entre o profissional e o paciente: uma real e a outra de transferência. Na transferência propriamente dita, que depende em grande parte da capacidade do terapeuta de usá-la, são mobilizados no inconsciente eventos do passado e, portanto, também estados emocionais particularmente intensos, e as vivências que não se ligam imediatamente ao processo de metabolismo psíquico são transferidas para o profissional e elaboradas na

1 Apresentado ao Congresso da APSA, Londres, 1971.

relação entre este e o paciente. O que torna intrincada a relação normal entre profissional e paciente é o fenômeno bem conhecido da compulsão à repetição. Prefiro reservar o termo "transferência" para a situação criada quando uma experiência até então desprovida de significado, que é reprimida ou cindida, é mobilizada e adquire vida no relacionamento terapêutico.

Frequentemente há uma confusão entre os vários papéis que são atribuídos ao profissional; penso que seja útil tentar descrever e definir os três principais, que dizem respeito a tutelar o adolescente, cuidar dele e dar continuidade ao relacionamento. O papel do tutor consiste em dar ordens, impor limites e fronteiras, comportar-se como um líder com o qual o adolescente pode se identificar e pelo qual se sente protegido e, num certo sentido, controlado. É um papel masculino, paterno, e dele são exemplos os diretores das escolas, das cadeias etc.

Na verdade, cuidar implica acolher e conter as comunicações do adolescente, elaborá-las e, se possível, torná-las mais aceitáveis, ligá-las entre si, aclará-las e, finalmente, devolvê-las ao paciente colocando-o em condição, pelo menos em teoria, de enfrentar aquilo que lhe foi restituído em forma mais digerível, de ocupar-se e continuar a elaborar a fim de permitir que a digestão e o metabolismo psíquico prossigam. Se quem cuida do adolescente não consegue elaborar suficientemente as comunicações ou então se o adolescente não pode enfrentar o que lhe foi devolvido e, em particular, na forma pela qual lhe foi devolvido, a interação não tem nenhum efeito terapêutico. Às vezes, o profissional ou o paciente ou ambos ficam frustrados. É muito fácil que o processo que determina a interrupção do desenvolvimento do relacionamento tenha um andamento semelhante àquele que fez o jovem se tornar um paciente. Se entendermos as causas do obstáculo, a terapia poderá ser salva, pois é possível reviver a transferência e elaborar, pelo menos em parte, a compulsão inconsciente à repetição. Claramente o cuidar, um papel mais feminino que o de tutor, deriva da relação mãe-bebê; isso é verdade mesmo que o cuidador muitas vezes seja homem: nem todos os homens são tutores, assim como nem todas as mulheres cuidam de alguém. A contenção, característica do papel feminino, tem uma utilidade limitada se o profissional não for capaz de elaborar em nível inconsciente ou consciente o que ele contém; nesse caso, de fato, ocorre uma simples evacuação psíquica: o cuidador é usado como privada e a terapia é reduzida a nada além de um meio para se livrar de coisas desagradáveis. Se o adolescente perde a confiança no tratamento e assume um tom de desprezo em relação ao terapeuta, isso significa, com muita frequência, que o terapeuta não conseguiu elaborar suficientemente o que lhe foi comunicado ou que, por algum motivo, o adolescente não teve como recuperar suas comunicações, modificadas e pré-digeridas pelo terapeuta. Uma das razões mais comuns para a recusa do paciente em aceitar o que o terapeuta lhe devolveu é o medo paranoico de que se trate de coisas ruins porque eram más aquelas que ele originalmente lhe deu; é um medo que não dá trégua e causa angústia: leva-nos a acreditar que o terapeuta faz com que as pessoas se sintam piores, e não melhores. Nunca se deve esquecer que os mecanismos projetivos são os mais frequentemente e massivamente utilizados.

É muito comum a expectativa, consciente ou inconsciente, de que a história continue se repetindo de forma idêntica e que o curso da terapia siga, mesmo no detalhe, o de vicissitudes passadas. Quem cuida de um paciente tem uma tarefa complexa; deve possuir a capacidade de lidar, intelectualmente e emocionalmente, com aquilo com que o paciente pede para se integrar, e depois processá-lo e devolvê-lo. Não é possível fingir. O terapeuta deve usar a si mesmo como uma ferramenta terapêutica; portanto, deve enfrentar suas próprias fraquezas e fazer uso de suas próprias capacidades: sua habilidade não depende dos dons intelectuais ou do conhecimento mais ou menos formal de certos mecanismos e processos, nem do dom da intuição, mas de um equilíbrio dinâmico entre todos os três elementos. Como a capacidade de agir de maneira terapêutica está ligada a vários e complexos fatores, fica claro que obstáculos e problemas serão encontrados em diferentes níveis: seria um erro criar a imagem do terapeuta como uma pessoa heroica e ideal: são realmente os heróis a serem expostos ao perigo muito mais do que outros, em particular, se estiverem lidando com adolescentes perturbados. Na maioria dos casos, um sistema de segurança inconsciente protege automaticamente os profissionais; aqueles que não conseguem usar a si mesmos como instrumento terapêutico ou que não tiveram uma formação suficiente não deveriam estar trabalhando nesse campo. O sistema de segurança mais comum consiste no recuo inconsciente de um relacionamento quando ele se torna muito profundo e perturbador. Às vezes, a retirada ocorre na forma de uma doença, inconscientemente predeterminada, que põe fim a uma situação de considerável risco para o equilíbrio emocional do profissional. Quando os problemas dizem respeito à estrutura da personalidade do profissional, ele pode continuar o tratamento, mas isso sem dúvida causará danos; quando, por outro lado, os problemas dizem respeito ao conteúdo e o profissional deve, por exemplo, ter de lidar com uma crise ou com o luto familiar, geralmente consegue superar a fase particularmente difícil se ajudado por colegas e apoiado pela instituição em que trabalha. Lidar com os problemas da estrutura da personalidade leva muito tempo e não é de modo algum útil durante a crise: é necessário que a ajuda seja fornecida primeiro. A situação é menos grave se os recursos que o profissional tiver à sua disposição imediata forem suficientes para enfrentar o impacto daquilo que ele levou dentro de si ou que foi colocado nele; o problema, em alguns casos, consiste em um estado geral de inadequação; em outros, no efeito de certas comunicações do paciente em áreas vulneráveis específicas do profissional, que também é uma pessoa relativamente equilibrada. Essas áreas constituem o calcanhar de

Aquiles psíquico dessa pessoa em particular naquele momento específico.

Quando o profissional tem dificuldade em enfrentar as sessões de terapia e se sente angustiado, aparecem sintomas de falha, que por razões de clareza serão examinados em quatro grupos:

1) O profissional recusa as comunicações do paciente, não as entende e, portanto, sente-se "estranho". O paciente geralmente responde com uma contrarrecusa, com a interrupção do tratamento ou com uma crise. Em neuróticos prevalece o primeiro modo; em delinquentes, o segundo. A falta de comunicação às vezes se manifesta no relacionamento estéril em que o terapeuta pode estar envolvido com um paciente obsessivo.

2) O profissional fica muito ansioso, sente-se deprimido ou perseguido. Se ele não é capaz de contenção, pode atuar a dificuldade do paciente ou as próprias. Quando eu trabalhava nas prisões, tive várias brigas com as autoridades "em nome" dos prisioneiros que eram meus pacientes e dos quais, como eu percebia, tinha tomado emprestadas expressões e comportamentos.

3) O profissional se comporta de maneira autoritária e punitiva. Isso acontece com muito mais facilidade se o seu papel também envolver tutela, como no caso de assistentes sociais, agentes de condicional e outros funcionários de instituições para menores infratores.

4) O profissional provocado além do seu limite de tolerância pode inverter a equação continente-conteúdo e despejar seus problemas no paciente, quer esses problemas datem de anos, quer tenham sido reativados recentemente. A ação dos pacientes pode, portanto, ser desencadeada não apenas por suas dificuldades, mas também pelas do profissional. Trata-se de uma situação particularmente perigosa para aqueles pacientes cuja

estrutura de caráter é do tipo criminal, pois parece que nelas as dificuldades não se somam, mas se multiplicam; a crise resultante é análoga a uma reação em cadeia.

O estado de coisas que acabamos de descrever causa perplexidade e desorientação ao profissional que é posto à prova com dificuldade. O que é posto duramente à prova depende em grande parte da possibilidade de o profissional e o paciente suportarem a tensão que surgiu naquele momento específico. É claro que não faria sentido fazer uma lista rígida de regras a serem seguidas, nem seria útil aprendê-las. É importante que a interação seja flexível e que aquilo que o paciente comunica por meio de palavras e ações seja cultivado e tolerado. A capacidade de julgamento e o senso de realidade do profissional não devem ser alterados pela atmosfera carregada de tensão a ponto de impedir uma resposta adequada. Se o paciente não puder esperar, o profissional, justamente por causa da pressa excessiva que lhe é incutida, pode ser levado a cometer erros aos quais o paciente responde com um dos múltiplos meios à sua disposição e, às vezes, com mais de um. Percebi que, às vezes, esse problema pode ser evitado se você conseguir o apoio da parte do paciente que deseja ser auxiliada pela terapia. Nessas situações, digo ao paciente algo muito simples: que estou pensando em quanto ele se comunicou e que nós dois tivemos que trabalhar duro para tentar entender o que está acontecendo. Com minhas palavras, talvez eu não consiga atingir o objetivo, mas a resposta do paciente geralmente constitui um guia valioso para entender qual corrente psíquica está agindo naquele momento específico: por exemplo, escárnio e triunfo porque não sou um terapeuta onipotente, ansiedade porque não sou habilidoso e experiente o bastante, e às vezes alívio porque não sou onisciente. Às vezes o alívio aparece quando surge a crença de que o problema pode ser elaborado e provavelmente resolvido.

Felizmente, o tratamento dos adolescentes não é apenas composto de provocações, hostilidade e comportamento destrutivo, mas frequentemente há respostas muito gratificantes: o uso que os adolescentes fazem da ajuda, da compreensão e do esclarecimento que lhes são dados é tal que o processo terapêutico prospera como raramente visto em adultos.

A confusão entre o papel de tutor e o de cuidador pode ser uma fonte de problemas. Uma agente de condicional foi confrontada um dia por um adolescente que a intimou a dizer se ela se sentia atraída por ele. Quando ela, muito incerta e trêmula, respondeu que sim, ele exclamou: "Então esta noite sai comigo". A agente recusou, argumentando que era sua tutora e esse papel a proibia de sair com ele. O adolescente saiu sozinho à noite e, em meio à raiva violenta, entrou em uma casa e a saqueou. Precisamos constantemente esclarecer qual é nosso papel.

É importante que o profissional modifique o menos possível o conteúdo das comunicações do paciente para adaptá-lo à sua própria linguagem, à sua própria personalidade e às suas necessidades. No entanto, as mudanças necessárias devem ser cuidadosamente consideradas para que não contenham "partes" do terapeuta.

Resulta evidente que um dos objetivos que o profissional deve estabelecer é aprender a conhecer seus "limites" e suas "fronteiras"; caso contrário, corre o risco de ser confundido com seus pacientes: os "limites" rígidos demais dificultam o desenvolvimento de uma comunicação frutífera entre paciente e terapeuta, enquanto os "limites" pouco claros e vagos devem levantar suspeitas sobre a confusão que eles criam.

Como podemos alcançar o equilíbrio entre uma estrutura rígida e fixa que exclui a empatia e uma estrutura flexível que, em certo sentido, também é confusa? A solução para o problema repousa, em parte, no tipo e na intensidade da identificação projetiva que atua na interação entre paciente e profissional e, em parte, na capacidade deste de compreender as comunicações da identificação projetiva como as outras, sem ser sobrecarregado e possuído, sem rejeitá-las, sem distorcê-las e sem devolvê-las piores em vez de melhores. Aqueles que fizeram ou estão fazendo uma análise pessoal percebem que a tensão desencadeada pelas comunicações altamente perturbadoras dos pacientes é tolerada com menos dificuldade quando o processo analítico ocorre, porque eles mesmos passaram por situações semelhantes, embora não igualmente dramáticas na sua análise; portanto, essas pessoas não perderão o controle com tanta facilidade nem sentirão o desejo de se afastar ou assumir uma atitude autoritária que anularia, em grande parte ou totalmente, os resultados alcançados. Mesmo as pessoas particularmente talentosas, e elas existem em qualquer campo, poderiam se beneficiar de uma análise pessoal. Um dos maiores perigos para o profissional que possui um talento natural notável é a arrogância que pode ser desencadeada pelo sucesso terapêutico. No século XV, alguns frades descobriram que confissões longas e frequentes, acompanhadas da interpretação do que havia sido confessado, tinham em muitos casos um efeito terapêutico. No entanto, os frades-terapeutas foram proibidos de continuar suas atividades precisamente por causa da arrogância que gradualmente se apossara deles; a soberba e a extraordinária arrogância pela qual sua atitude prepotente se manifestava foram consideradas mais prejudiciais que o estabelecimento de um estado de dependência naqueles que receberam terapia. Essa história destaca um perigo inerente a situações que favorecem o poder, que podem ser claramente identificadas entre os burocratas, mas creio que ainda mais entre psicoterapeutas. Quando a sensação de poder se torna intoxicante, é muito provável que ocorra um processo maníaco que, se escapar do controle, inevitavelmente levará à interrupção do contato com o paciente e à perda da calma e da compostura necessárias; o processo terapêutico será completamente arruinado se o estado maníaco aumentar. Isso não significa que não devemos ter prazer com um trabalho que, com tanta frequência e por tanto tempo, pode ser frustrante, sem satisfação e extremamente ansiogênico. Cada profissional deve ter mecanismos de autocorreção capazes de restaurar o equilíbrio psíquico ameaçado por perigos externos e internos que geralmente agem em um relacionamento recíproco, como as duas ampolas da ampulheta.

Nesse momento, é necessário fazer uma pausa para examinar o papel daqueles que oferecem a continuidade do relacionamento ao adolescente. Às vezes, se revestem do papel de terapeuta aqueles que têm o papel de tutor ou de cuidador deles; às vezes, aqueles que representam continuidade não desempenham nenhum dos outros dois papéis. Os adolescentes, e particularmente aqueles que são perturbados e que têm tendências delinquenciais, são extremamente sensíveis a mudanças nos relacionamentos e, muitas vezes, quando o profissional que está perto deles por um certo tempo muda de local de trabalho ou troca de emprego, ou se aposenta, eles têm uma recaída séria. Às vezes, a pessoa que representa a continuidade exige muito pouco além da mera presença, que é, no entanto, muito importante em tempos de crise. É fundamental que o adolescente, à medida que amadurece e muda, tenha alguém que esteja perto dele com regularidade e preencha os intervalos "vazios" entre eventos sucessivos. Um jovem com quem eu havia feito uma psicoterapia breve e relativamente superficial enquanto estava na prisão, uma vez libertado, esteve em correspondência epistolar comigo por mais de dez anos: a cada três semanas, ele me enviava uma carta, e eu nunca deixava de responder. Um médico penitenciário que goza de reputação de pessoa severa tem uma correspondência estreita com um certo número de ex-prisioneiros; não só isso, mas ele também vai encontrar algumas pessoas em suas casas. O papel que ele assumiu, o de manter uma continuidade, é muito importante, pois ajuda a fortalecer as áreas mais fracas e os aspectos mais instáveis do mundo interno de seus ex-pacientes.

Toda renúncia tem seu preço: a depressão. Mas ela não é necessariamente improdutiva; de fato, quem a tolera e a elabora adquire um novo e mais sólido equilíbrio psíquico. Se, ao contrário, o processo de elaboração não ocorrer, os mecanismos de defesa compensatória aparecerão com muita frequência. Um estado maníaco pode reduzir ou até fazer desaparecer os sentimentos depressivos que têm a função de desenvolver a habilidade introspetiva no trabalho e, portanto, pode deteriorar a atmosfera terapêutica: na melhor hipótese, a terapia não progride; na pior das hipóteses, o paciente enfrenta uma reação terapêutica negativa pela qual o terapeuta é responsável; em alguns casos, o paciente interrompe o tratamento. A chamada análise selvagem, na qual são feitas interpretações improvisadas, apressadas e violentas, sem as referências e os elos que dão sentido, provoca conclusões semelhantes. O terapeuta pode inconscientemente ser levado a esse comportamento pelo exibicionismo ligado às suas fantasias de onipotência, ou – e isso é ainda mais prejudicial – pela inveja pelo bom progresso da terapia e pelo progresso de seu paciente.

Em contrapartida, às vezes surge o problema oposto: apesar das interpretações corretas e do grau correto de humildade por parte do profissional, o paciente não melhora, pelo contrário, sua condição torna-se cada vez mais grave; a causa desse estado de coisas é provavelmente a inveja do paciente: de fato, ela é responsável pela decisão inconsciente de negar ao terapeuta os frutos de seu trabalho. O terapeuta, por sua vez, responde de diferentes maneiras: às vezes tolera uma situação que não deve ser tolerada; às vezes se irrita e recusa as comunicações ou se torna punitivo e, no nível inconsciente, satisfaz a necessidade masoquista do paciente de ser punido, o que pode ter sua origem na necessidade de tornar fantasias menos dolorosas carregadas de culpa. Em *O problema econômico do masoquismo* (1924),

Freud explica esses fenômenos em detalhes. A capacidade de mudar em um sentido positivo depende do ponto em que o paciente se encontra no eixo que leva, num extremo, a situações dominadas pela ansiedade persecutória e, no outro, a situações dominadas pela ansiedade depressiva. A fórmula Ps ↔ D,[2] de Bion, é útil para esclarecer nossas ideias sobre as funções mentais dos adolescentes, bem como outros conceitos que ele introduziu: o de continente e conteúdo e aquele relativo à necessidade de que a comunicação do paciente seja acolhida, processada e devolvida de tal maneira que ele possa usá-la. Bion expressou esses conceitos depois de examinar as relações que são fundamentalmente baseadas na identificação projetiva: ele escreveu principalmente sobre psicóticos e crianças pequenas. Na adolescência, a comunicação geralmente ocorre simultaneamente em diferentes níveis; a comunicação infantil é a mais importante e também a que o adolescente muitas vezes nega com o maior vigor. A capacidade de uma pessoa de lidar com as vicissitudes da vida depende de como ela desenvolveu a posição depressiva, e é essencial que o terapeuta seja capaz de possibilitar uma nova e melhor elaboração desta.

Gostaria agora de falar sobre mães, pais, professores, guardas prisionais, agentes policiais etc. que são "maus". Aqueles que "fazem o bem" são tão atraídos pela caça às bruxas contra um dos pais "mau" que tendem a menosprezar a parte que o adolescente ganhou nos episódios que causam transtorno e desdém. Em vez disso, é importante compreender o duplo aspecto da situação e examiná-la do ponto de vista do adolescente e dos pais: talvez o erro mais grave que pode ser cometido com um adolescente perturbado seja fornecer a ele uma razão válida para o ressentimento. Sofrer injustiça faz com que o adolescente se sinta habilitado a praticar abusos de quaisquer tipos e, ao mesmo tempo, aproveitar a agradável sensação de estar

---

2 Ver nota 1 do Capítulo 5.

certo; dessa maneira, ele não melhora seu senso de responsabilidade ao lidar com os outros. Quantos Ricardos III existem entre adolescentes com tendências delinquenciais que, cheios de raiva pelo destino ruim que os levou a nascer anormais ou cheios de ódio por terem sido negligenciados por seus pais ou maltratados pela polícia ou incompreendidos por seus professores, se consideram dispensados de respeitar os limites e restrições que as pessoas comuns respeitam! Freud, em seu trabalho de 1916, *Alguns tipos de caráter encontrados no trabalho psicanalítico*, descreveu essas pessoas como exceções. Não quero dizer que maus tutores e pessoas incapazes de cuidar não sejam responsáveis, pelo menos em parte, pela falta de desenvolvimento ou mesmo pela piora dos adolescentes que lhes são confiados, mas desejo deixar bem claro que o problema tem duas faces, se não inúmeras. O próprio *setting* terapêutico facilita a repetição de eventos ocorridos no passado, com a diferença de que, na situação atual, existe a possibilidade de modificar o curso da história do paciente. Mas isso implica riscos para o paciente e para profissional; descrevi sobretudo todos os riscos para o profissional, muitas vezes não suficientemente sublinhados.

Antes do advento dos antibióticos, os pós-medicamentosos eram colocados na língua do cavalo doente e depois soprados na garganta pelo veterinário; no entanto, o cavalo frequentemente soprava primeiro. O mesmo acontece em um relacionamento entre duas pessoas, porém o que é expulso não é apenas o que foi soprado para dentro.

Como um profissional pode manter vivo o relacionamento terapêutico, preservar o equilíbrio psíquico, até mesmo manter sua estabilidade mais estável e, ao mesmo tempo, evitar que o estresse o perturbe, para que não corra mais o risco de ficar doente? Existem outros meios além da análise pessoal para avaliar o estado psíquico do profissional? Não é verdade que toda vez que a ansiedade do profissional se torna mais forte, algo nele não funciona: muitas vezes o aumento da ansiedade indica a percepção inconsciente, ainda não claramente formulada, de que o comportamento do adolescente criará em breve uma situação perigosa. Um paciente meu que não estava excessivamente deprimido me ligou em uma sexta-feira para cancelar a sessão da manhã de sábado. Na segunda-feira, acordei sonhando que o paciente estava deitado em uma mesa de autópsia com um texto detalhado ao lado dele sobre a dissecção da cavidade axilar direita. Cerca de três horas após meu despertar, a namorada do paciente bateu na porta do meu consultório perguntando se eu o tinha visto. Depois de um ou dois dias, a polícia encontrou o cadáver: a morte fora causada por uma overdose de aspirina, barbitúricos e álcool. Os sonhos iluminam não somente o contato inconsciente entre profissional e paciente, mas também a maneira como o profissional enfrenta e elabora o que capturou do paciente. Mesmo sem examinar detalhadamente os sonhos, é possível ter uma ideia da capacidade de digerir e metabolizar psicologicamente o que os pacientes comunicam e também de entender quanto seus próprios recursos e meios são postos à prova. A análise pessoal geralmente fornece ao profissional as ferramentas necessárias para analisar a maioria dos seus sonhos; não sei quão útil e quão perigosa seria essa análise para aqueles que não foram analisados. Uma análise correta dos próprios sonhos pode permitir ao profissional entender qual papel ele está assumindo em seu inconsciente: às vezes é muito diferente daquele em que atitudes conscientes podem nos fazer pensar. Por exemplo, o profissional do sonho pode se identificar com o adolescente ou com instituições, talvez com aquelas muito autoritárias.

No início do meu trabalho com jovens delinquentes, um dia, enquanto ouvia a história de uma empresa criminosa, exclamei antes de perceber o que estava dizendo: "Se você tivesse feito de outro modo, não teria sido preso". Quanto maior a delinquência do adolescente, mais tenazes são as tentativas de levar o terapeuta a assumir um papel que pode variar do autoritário e punitivo ao de cúmplice; de qualquer forma, é importante que o terapeuta não deixe que se imponha a ele a constelação do paciente que se opõe à terapia. Os jovens infratores muitas vezes tentam seduzir o profissional em uma situação ambígua, a fim de destruir um processo terapêutico ativo e vital. Às vezes, a oferta de um presente substitui o progresso terapêutico, especialmente em meninas adolescentes. Em alguns casos, os presentes têm a função de estimular e aclarar a avidez do terapeuta. O adolescente geralmente se opõe mais diretamente que o adulto aos esforços daqueles que tentam induzir mudanças e crescimento, que são objeto da terapia. Exemplos muito eloquentes desse modo de comportamento podem ser observados em crianças pequenas: elas realmente querem carinho e aprovação, dos quais precisam muito, mas dentro de suas condições; às vezes, essas são condições inaceitáveis para adultos e para a sociedade em geral. Em um nível inconsciente, a criança pequena, como o adolescente e o adulto, tem uma ideia mais ou menos vaga do que a leva a se comportar dessa maneira: trata-se frequentemente de tendências destrutivas e do desejo de poder. Portanto, a autoridade que, em vez de enfrentar os problemas radicais, cede e se entrega, permite que a criança ou o adolescente mantenham um comportamento perturbado que aparentemente os faz felizes, enquanto de fato tende a torná-los cada vez piores, especialmente quando estão pouco integrados. Em situações desse tipo, a necessidade de estabelecer limites aparece com muita clareza. Quando um adolescente faz pedidos de tipo regressivo, embora estes pareçam vir de uma necessidade de autonomia e liberdade legítima, originam-se de uma parte infantil, às vezes muito desenvolvida. Render-se a ela pioraria a situação, talvez após um curto intervalo de calma. A real necessidade da parte infantil do adolescente pode consistir na imposição de limites, talvez mais necessários do que a necessidade de liberdade e autonomia que provém da parte mais adulta da pessoa.

Se não sabe como subtrair-se ao papel que ele é forçado a assumir, o profissional pode desencadear uma crise, ou porque a parte adulta do paciente sente que impôs limites injustos, ou porque a parte criança se sente negligenciada, excluída e desprotegida. Geralmente interpreto como a cisão é enorme e, na realidade, às vezes os extremos são irreconciliáveis. No entanto, é importante destacar ambos ao mesmo tempo para a criança ser salvaguardada e defendida. Deve-se ter em mente que as pessoas animadas pelo desejo de "fazer o bem", mas sem a preparação profissional adequada, às vezes são perigosas por suas tentativas de "fazer muito bem", por assim dizer; por outro lado, pessoas autoritárias, quando encontram obstáculos, tornam-se ainda mais autoritárias e punitivas: nem aqueles que "se saem muito bem" nem aqueles que são autoritários provavelmente serão capazes de criar a atmosfera adequada para mudança e crescimento.

Precisamente por esse motivo, o adolescente geralmente recorre a colegas na tentativa de encontrar algum equilíbrio; ao fazer isso, no entanto, não é incomum que ele tenha problemas. O caminho difícil que leva ao desenvolvimento passa pela ansiedade persecutória e pela ansiedade depressiva, de modo que o adolescente não pode ter prazer nessa fase: ele quer recompensas e gratificações, não um trabalho psíquico duro. Por esse motivo, ele corre o risco de ser seduzido por drogas ou fascinado por teorias filosóficas que banem o trabalho psíquico, ou mesmo ser atraído pela violência e pelo crime. Alguns dos problemas confusos da adolescência têm um fascínio particular e, na situação do grupo, o profissional corre o risco de um envolvimento completo se não tiver esclarecido primeiro os problemas em discussão e os motivos, conscientes ou não, que os fizeram emergir. Na ausência desse trabalho interpretativo, o profissional, dominado pelo senso de caos e paralisado pela ansiedade, recorrerá à ação sem pensar nas possíveis consequências do que está prestes a fazer, ou então recorrerá ao comportamento punitivo e autoritário que impede o crescimento e a vitalidade do adolescente, que é sentida como fonte de perigo.

Há pessoas que têm certo poder sobre os jovens e usam sua relativa e aparente maturidade para captar suas aspirações e adotar seu comportamento; dessa forma, eles acreditam que estão resolvendo os problemas que enfrentam sem perceber que os adolescentes, em geral muito menos maduros e integrados que eles, não conseguem imitá-los. Um exemplo disso é a atitude em relação às drogas, especialmente o haxixe. O profissional se junta ao grupo por meio do uso de drogas; se consegue limitar-se em aparência, não é danificado e, portanto, afirma que a droga é inofensiva; dentro de certos limites, isso pode ser verdade para ele enquanto usa drogas leves, mas os adolescentes de quem cuida, especialmente aqueles que vivem em comunidades terapêuticas, o imitarão. A identificação certamente tem consequências negativas se houver um componente de inveja. O profissional deveria fornecer uma imagem pública marcada por um senso de responsabilidade e sempre ter em mente que sua identificação inevitável com adolescentes não é prejudicial apenas se não levar a um *acting out*.

De quais meios dispomos para enfrentar os riscos que o trabalho com adolescentes comporta?

1) Análise pessoal: é sem dúvida a ferramenta mais eficaz e adequada que o profissional tem à sua disposição para aprender a se conhecer e desenvolver a capacidade de conter e trabalhar com adolescentes e com o que eles colocam em prática: a análise também possibilita impedir, por meio de um processo introspectivo imediato, qualquer ação perigosa desde o início.

2) Treinamento adequado: deve consistir em uma primeira fase na qual o futuro profissional não entra em contato direto com adolescentes, mas, junto com um grupo de colegas, participa de

eventos que, além de terem uma função educacional, ajudam a aumentar a autoconfiança; depois segue a segunda fase, que se concentra na supervisão individual do trabalho realizado com o adolescente.

3) Supervisões, seminários, reuniões de síntese, reuniões entre os profissionais, experiências do período de formação, grupos de animação etc.: favorecem o desenvolvimento das habilidades do profissional, aumentam seu domínio do trabalho e também o ajudam a superar incertezas e obstáculos que inevitavelmente aparecem com o tempo.

4) Apoio de colegas: é essencial para quem trabalha em centros residenciais e muito importante para quem trabalha em centros não residenciais, especialmente naqueles em que jovens infratores são tratados; quem está de fora, de fato, pode ver mais pessoas envolvidas em um relacionamento emocionalmente intenso.

5) Estrutura capaz de oferecer, em pouco tempo e sem dificuldade, auxílio quando surgem problemas aparentemente intransponíveis e, principalmente, quando o profissional percebe sinais de estresse e falha. Qualquer medo de aparecer negativamente deve ser evitado.

6) Seleção adequada de profissionais aspirantes: é uma ferramenta da maior importância e talvez eu devesse tê-la listado primeiro.

8. As origens do crime[1]

Freud, no breve ensaio "Criminosos em consequência de um sentimento de culpa", de 1916, afirma que o sentimento de culpa que às vezes precede o crime é atenuado, dentro de certos limites, precisamente pelo ato criminoso, pelo qual o criminoso punirá aqueles que o puniram. Além disso, no mesmo artigo, Freud demonstra que o crime, nesses casos particulares, constitui a representação simbólica de uma fantasia criminosa de proporções muito maiores que, permanecendo muitas vezes no inconsciente sem ser reconhecida, gera sentimentos dolorosos de culpa. Por exemplo, um roubo pode ser cometido enquanto a fantasia criminosa inconsciente subjacente é um parricídio ou outra ação não menos grave. O crime tem a ver com fantasias e impulsos, com destrutividade, com um sentimento de culpa e punição. É comum a opinião de que os criminosos têm uma consciência fraca, ineficiente ou que eles não a possuem. M. Klein, na década de 1930, expressou ideias completamente diferentes e afirmou que suas experiências clínicas a

1 Apresentado, por convite da Sociedade Psicanalítica Britânica, em um simpósio sobre criminalidade.

convenceram de que os criminosos têm uma consciência muito particular porque se baseiam no medo de figuras internas cruéis.

Assim, a consciência, experimentada como um tirano interno contra o qual o criminoso deve se rebelar para preservar os aspectos fundamentais de sua personalidade, muitas vezes atua mais como um estímulo do que como um guia. Infelizmente, os traços mais característicos das pessoas tendem a se expressar por meio de ações que não foram previamente processadas, transformadas e modificadas na psique. Nosso mundo interno nos permite fazer um teste de realidade dentro de nós mesmos e, em seguida, avaliar os efeitos prováveis de um determinado comportamento antes que tenhamos decidido irrevogavelmente adotá-lo, enfrentando uma série de consequências inevitáveis. Os psicopatas não se preocupam em pensar nas consequências de suas ações. Nos perversos, os impulsos instintivos são tão violentos ou tão reprimidos que, embora se possa prever o efeito das ações, o prazer imediato que deles deriva parece irresistível e suas consequências não têm importância. Na maioria dos casos, acrescenta-se um compromisso: é bastante raro que as fantasias sejam atuadas diretamente, sem terem sido processadas e transformadas. Em outras palavras, as forças que normalmente se opõem às tendências criminosas às vezes, mas raramente, podem ser insuficientes para neutralizá-las.

Eu acredito que seja útil olhar para as tendências criminosas como um componente da personalidade, um componente que, enquanto em alguns indivíduos se transforma em algo mais ou menos inofensivo, em outros, não sendo modificado o suficiente, se torna parte da personalidade como é, sem passar por um processo de transformação e integração. Vou falar mais sobre as inúmeras situações em que o crime pode permanecer confinado à esfera psíquica. No momento, gostaria de fazer uma pausa para pensar a criminalidade como um fenômeno que possui uma gama infinita de variações. Se nos colocarmos sob essa ótica, não teremos que nos perguntar se uma pessoa em particular é criminosa, mas quão desenvolvida é sua parte criminosa e quão adequadas são suas defesas contra ela. Também nos perguntaremos: que tipo de defesas são essas? Defesas que dão lugar a tensões específicas ou a tensões inespecíficas? O estresse causa um fortalecimento das defesas contra o crime ou seu colapso? Também devemos perceber que o que é considerado criminoso em determinado ambiente pode não o ser em outro. Quando a pequena disposição para conter as pulsões, uma característica constante dos criminosos, é combinada à falta de um senso de responsabilidade que pode facilmente induzir alguns a causar danos e outros a não respeitar ninguém, são executadas ações criminosas. Por mais graves que sejam, nunca são tão ruins quanto aquelas causadas por fatores mais destrutivos, como a crueldade infligida com boas intenções, a destrutividade gratuita, a avidez desenfreada e a total e incontrolável falta de piedade que pode até levar ao assassinato.

Parece que, em algumas pessoas, o crime irrompe apesar dos esforços para contê-lo; em outras, os objetivos criminosos são perseguidos com tenacidade. A situação no primeiro caso é um pouco semelhante à situação daqueles que, tendo um cachorro rebelde, tentam mantê-lo sob controle sem nunca ter sucesso; na segunda, aqueles que trabalham em perfeita harmonia com seu cão exploram suas pulsões instintivas e formam com ele uma associação cujo único objetivo é perseguir fins criminosos. Como se cria esse estado de coisas? Mencionei pulsões instintivas e tentativas conscientes de detê-las, mas deve-se ter em mente que uma parte da consciência é tudo menos consciente e que os impulsos instintivos correspondem mais ou menos à atividade do id. A consciência, formada pela introjeção de imagens de pais e outras pessoas em posição de autoridade, visa colocar um freio nas pulsões instintivas, às quais tenta impor certos deveres e proibições. É precisamente nesse nível que o conflito inerente à atividade criminosa se situa, pelo menos em parte: quando os impulsos instintivos são mais ferozes e punitivos, o superego (ou as imagens que representam a consciência) toma emprestada energia dos impulsos instintivos, em outras palavras, do id, para reprimir precisamente a organização da qual sua força deriva. O ego, o mediador entre o id e o superego, pode ser relativamente bem desenvolvido ou fraco: em alguns criminosos, o ego luta para acompanhar o conflito entre id e superego, enquanto o ego de outros parece ter sido corrompido e, portanto, perseguir objetivos maus. Os criminosos que pertencem ao primeiro grupo são muito mais fáceis de lidar do que os criminosos que pertencem ao segundo grupo: os últimos, de fato, que constituem o núcleo mais importante da subcultura criminal, estão menos em conflito consigo mesmos do que com a sociedade. Muitas vezes, é muito difícil convencê-los a consentir com um tratamento e a colaborar com o terapeuta, porque não sentem essa necessidade: a inquietude por suas ações, que é o indicador da atividade inconsciente da consciência, pode vir a tomar a forma de uma compulsão a ser capturada a realizar um ato criminoso, ou a forma de um acidente que envolva autopunição, ou a forma de uma doença psicossomática.

Como e quando o crime se origina? Talvez no começo as tendências criminais sejam mais acentuadas e, então, à medida que amadurecemos, elas diminuam? Ou talvez na infância sejamos inocentes, mas mais tarde tenhamos de sofrer pelo pecado original, como está escrito na história bíblica do Jardim do Éden? Ambas as hipóteses estão corretas. Em uma família normal são colocados determinados acordos aos quais, frequentemente, se pode chegar. De fato, é alcançado um equilíbrio entre desejos e necessidades pessoais e comportamento apropriado à situação. Naturalmente, o equilíbrio é alcançado por meio de um processo incerto, não gradual ou uniforme. Com efeito, os maiores obstáculos para aprender as normas da educação aparecem em momentos diferentes em pessoas diferentes e, frequentemente, em conjunto com uma das fases mais importantes do desenvolvimento emocional, seja ele oral, anal, fálico, edípico.

É sabido que a severidade excessiva leva a uma reação paradoxal.

As experiências que o bebê vive quando é alimentado e a maneira como ocorre o desmame são muito importantes para o início do equilíbrio psíquico: grande parte da atividade criminosa parece derivar de um processo inadequado de desmame. No entanto, outros fatores entram em jogo além daqueles ligados ao ambiente externo: cada criança tem características determinadas geneticamente; portanto, desde o início, as diferenças entre uma criança e outra são muitas, e o desenvolvimento de cada uma é um processo muito complicado. É possível, entretanto, identificar alguns dos fatores mais importantes. A separação de um ente querido, especialmente da mãe, nos delicados períodos da infância e da juventude representa um risco para a criança: filmes como "A primeira noite de um homem" mostram isso de maneira extremamente clara. Quase todas as crianças que sofreram o dano de um ou mais períodos de separação nos estágios iniciais de suas vidas atacam as imagens internas ou representações mentais da mãe; alguns, no entanto, não desistem dessa atividade destrutiva, que, com o passar do tempo, se volta contra uma pessoa do mundo exterior que muitas vezes representa a mãe e atua como bode expiatório. Às vezes, o pai ou um irmão é acusado da ausência da mãe: os ataques são direcionados diretamente ao inimigo ou a seus substitutos. A característica desse tipo de crime é a compulsão inconsciente a repetir o ataque como se nada pudesse reparar o dano que eles sentem ter sofrido. Em pessoas menos perturbadas, a agressão pode ser menos violenta, mas é repetida continuamente para testar a confiabilidade de objetos internos e externos. Malformações e deficiências físicas às vezes causam ressentimento crônico, em consequência do qual os afetados reivindicam o direito de serem destrutivos. Freud citou Ricardo III como um exemplo desse tipo de criminoso.[2] Às vezes questiona-se a história de vida de certas pessoas em busca de más experiências, mas estas não são encontradas. Nessas pessoas, além da má vontade, há também uma tendência a se comportar de maneira cruel e destrutiva. Quando boas experiências parecem aumentar em vez de reduzir a atividade criminosa, há a suspeita de que a inveja primária atue. Em 1920, Freud enunciou a teoria dos instintos de vida e morte, que não é aceita por todos os psicanalistas, mas que considero essencial para entender os criminosos. A inveja, que deriva do instinto de morte, tem um papel de particular importância na gênese do crime, porque ataca boas experiências. Seu significado era conhecido havia um longo tempo, mas muitas vezes era confundido com ciúme; inveja e ciúme são fundamentalmente baseados em uma frustração emocional que aparece na inveja em um relacionamento a dois e no ciúme em um relacionamento a três. M. Klein primeiro enfatizou a importância da inveja e fez uma distinção clara entre ela e o ciúme. Entre outras coisas, a inveja e o sentimento inconsciente de culpa são as duas principais causas da reação terapêutica negativa muito frequente no tratamento de criminosos.

Eu acredito que é útil considerar alguns casos clínicos. Em primeiro lugar, ilustrarei o de Robert, um jovem de notável inteligência condenado repetidamente por invasão de propriedade, por danificar objetos e uma vez por roubo, apesar de não ter roubado naquela ocasião específica. Um dia, ele foi pego em uma fábrica de sutiãs: dormia profundamente, encostado no seio desconfortável e duro de um manequim que era usado para exibir as mercadorias. Ele estava deprimido e não conseguia explicar por que ia constantemente a lugares onde não tinha o direito de entrar e, às vezes, roubava. Excluindo as invasões de propriedade e os danos a objetos,

2 Ver S. Freud, *Alguns tipos de caráter encontrados no trabalho psicanalítico* (1916).

sua vida parecia completamente normal, pelo menos no que dizia respeito à sexualidade e aos relacionamentos superficiais; portanto, a parte dele que, de tempos em tempos, agia de maneira criminosa parecia operar independentemente da parte que se comportava corretamente. O estado patológico tomou posse dele de maneira semelhante àquela como tomou posse do Velho Marinheiro do poema de Coleridge, mas enquanto a imposição do Velho Marinheiro consistia em derramar sobre outra pessoa a história de um crime aparentemente imperdoável, o ato impositivo de Robert consistia em ir para dentro: dentro de um edifício para roubar ou admirar em êxtase, de acordo com o humor, os objetos que ali estavam contidos e que eram de grande valor para ele. Até os 8 anos de idade, sua infância foi passada sem que nada de relevante acontecesse. Ele tinha uma irmã mais nova, de 3 anos, com quem se dava bem, apesar de alguns episódios completamente normais de rivalidade. Quando Robert tinha 8 anos de idade, sua mãe ficou doente e, apesar de várias hospitalizações, ela gradualmente perdeu peso até ser reduzida a pele e ossos. Morreu alguns dias após a última alta. Após a morte de sua mãe, Robert não ficou deprimido, mas confuso. Antes de ele voltar a estar bem, seu pai ordenou que ele chamasse de "mamãe" uma jovem mulher com quem ele se casara; Robert, no entanto, não conseguia, e toda vez que tentava pronunciar a palavra "mamãe", ficava emudecido. A madrasta, zangada, eliminou da casa, com o consentimento tácito do marido, qualquer vestígio remanescente da mãe de Robert. Quando o estado de confusão terminou, descobriu-se que Robert se comportava normalmente ou da maneira confusa, impulsiva e criminosa que descrevi há pouco: ocorreu uma cisão, e ele agia de uma ou de outra maneira.

O segundo caso é mais dramático. O pai de Fred, atingido por uma doença incurável, se extinguia gradualmente aos olhos de sua família e estava perto da morte. A mãe, perturbada, não conseguia cuidar dos filhos já quase adultos: o mais velho, Fred, de 20 anos, tinha um comportamento que estava nos limites da lei e foi considerado pelo grupo de jovens delinquentes do distrito um pouco correto demais para segui-los em suas façanhas. Em meio à angústia pelo estado do pai, que mal podia suportar, Fred se juntou a uma gangue decididamente delinquente composta de sete jovens, cujo líder, sem piedade, um dia decidiu que eles deveriam jogar ao chão e roubar um homem. Fred protestou porque discordava desse tipo de violência. O líder, após o assalto, voltou para assegurar-se de que o homem não os pudesse reconhecer. Fred protestou novamente, mas não conseguiu impedir que a vítima recebesse um golpe tão violento que lhe provocou a morte. A gangue foi identificada, cada membro foi acusado de assassinato e considerado culpado. Fred, o único com mais de 18 anos, foi condenado à morte, enquanto os outros foram condenados a permanecer na prisão até "a ordem de Sua Majestade".[3]

Roy, o irmão mais novo de Fred, tinha 16 anos e absolutamente não fazia parte da gangue, mas, no período entre o assalto e o julgamento de Freud, foi atormentado sem parar pela ideia de assassinato. Ele não se sentia melhor que o irmão, de fato, ao contrário, em muitos aspectos se sentia bem pior. Quando o pai morreu, alguns dias haviam se passado desde a execução de Fred. Sua mãe foi tomada pelo pesar, enquanto Roy se sentia tão "cheio de morte" que tinha certeza de que não seria capaz de contê-la: ele pensou em sair e matar o primeiro policial que visse de maneira completamente mecânica. Em vez disso, roubou objetos de pouco valor no comércio e em lojas de departamento e continuou a roubar, mesmo quando foi internado no reformatório; roubava objetos que simbolizavam seu estado mental. Felizmente, tendo em vista as circunstâncias especiais, Roy recebeu liberdade

3 Segundo a legislação inglesa, os menores responsáveis por crimes graves permanecem na prisão até que "sua Majestade ordene" [N.T.].

condicional, um agente de condicional lhe foi designado[4] e ele recebeu ajuda para lidar com o caso. Após inúmeras crises, a turbulência de Roy cessou. Estou certo de que o crescimento e o amadurecimento emocional de Roy, e também o resultado bem-sucedido da terapia, dependeram de um comportamento firme e ao mesmo tempo tolerante, mantido por um longo tempo pelo muito perspicaz agente de condicional.

Acho que foi importante que o agente de condicional tenha decidido ir a um psicanalista para ser ajudado não somente quando estava inseguro ou desconfortável, mas em intervalos regulares. Durante o período de liberdade condicional, os atos delinquentes eram de dois tipos, ambos de significado simbólico. O primeiro consistia em atitudes de desafio à autoridade dos pais, representados pelo agente de condicional; o outro, em uma incontinência psíquica parcial, causa de grande ansiedade no agente, que temia que a incontinência se tornasse total e que pudesse levar a atos violentos, talvez até a um assassinato. As ideias homicidas, que nos estágios iniciais do tratamento, embora parcialmente dissimuladas, eram óbvias, estavam relacionadas ao doloroso luto de Roy pela morte de seu pai e de seu irmão; o rancor pela execução de Fred foi dirigido ao juiz, porque Roy, com uma certa lógica, acreditava que não era certo enforcar Fred, que tentara impedir o líder mau e cruel cujo golpe matara a vítima do roubo. O estudo meticuloso do progresso de Roy e o exame, uma por uma, de suas crises permitem identificar um estado mental com relativas fantasias que apareciam continuamente e cuja resolução induzia cada vez a uma pequena melhoria das condições psíquicas de Roy.

---

4 Agente de condicional: pessoa (em geral um assistente social) a quem o juiz pede para cuidar do condenado ao qual concedeu liberdade condicional. A maneira como o agente de condicional lida com o agressor depende de seu treinamento: ele pode controlar a pessoa que lhe foi confiada, conseguir um emprego para ela, ter entrevistas regulares com ela, fazer psicoterapia etc. [N.T.].

Quando ele era incapaz de tolerar um estado angustiante, Roy conversava com o agente de condicional, como se quisesse colocar seus sentimentos dentro dele. Se o agente não os aceitava e não os tornava diferentes, Roy ficava ansioso e frustrado: era em situações desse tipo que cometia atos que simbolizavam crimes reais. O agente logo aprendeu a perceber o que lhe era exigido e mostrou-se capaz de agir como um recipiente de ansiedade; além disso, o que ele comunicava a Roy era uma versão um pouco melhor do que Roy lhe havia transmitido anteriormente: a relação terapêutica permitia que Roy se livrasse de um fardo e também permitia que ele tivesse uma experiência, repetida várias vezes, por meio da qual os vínculos foram estabelecidos com base no entendimento das coisas. No final, Roy ganhou a capacidade de enfrentar situações difíceis por conta própria.

A identificação projetiva parecia ser crucial no relacionamento entre Roy e o agente de condicional: sempre que Roy colocava no agente o que ele considerava horrível e intolerável, percebia que seus sentimentos eram aceitos e que isso lhe era devolvido suficientemente modificado: o processo de crescimento e desenvolvimento deu um passo à frente.

Se examinarmos um grande número de criminosos, presos ou livres, cuja criminalidade atingiu diferentes estágios evolutivos, podemos ver que esse tipo específico de comunicação está quase sempre presente. Bion enfatizou que o fracasso dessa relação entre mãe e bebê, que se baseia na identificação projetiva, bloqueia o desenvolvimento, causa regressão e muitas vezes leva ao estabelecimento de estados psicóticos esquizofrênicos. É impressionante a frequência com que, nas mães dos criminosos, o processo de identificação projetiva não ocorre de maneira normal. Às vezes, a mãe, como a de Roy, está tão preocupada com seus problemas que não consegue aceitar a identificação projetiva de seu filho. Mas, às vezes, acontece o contrário: a criança é tão destrutiva que a mãe, em meio ao pânico, recusa a comunicação porque teme ser invadida pelos problemas do filho, principalmente por aqueles diante dos quais se sente mais vulnerável. Em alguns casos, a primeira parte do processo é bem-sucedida, enquanto a segunda falha parcialmente: isso acontece quando a mãe, que é usada como um receptáculo no qual tudo o que é irritante e assustador pode ser evacuado, não é capaz de fazer o trabalho de transformações e melhorias, motivo pelo qual a criança recusa e, portanto, não usa o que lhe é devolvido. Às vezes, a criança sente tanto terror de como suas comunicações podem ter danificado sua mãe, por não acreditar que ela seja capaz de mudá-las e transformá-las, que, portanto, sente como perigoso aquilo que a mãe lhe restitui. Em qualquer caso, a interrupção do processo em um ponto é a causa bloqueadora do desenvolvimento, de um desenvolvimento decididamente anômalo ou mesmo de uma cisão, de modo que a parte da criança que é capaz de estabelecer um relacionamento com a mãe cresce bem, enquanto a outra, que não pode utilizar aquilo que a mãe lhe dá, se torna sempre mais sozinha e aterrorizada, e às vezes envolvida em atividades criminosas completamente não relacionadas à parte mais saudável e evoluída.

Se, no exame do primeiro caso clínico, usarmos o conceito de identificação projetiva, podemos dizer que a mãe de Robert se tornou um recipiente inadequado das comunicações do filho quando ficou gravemente doente, e deixou de o ser quando morreu. A chegada da madrasta, que Robert odiava e julgava má, exacerbou a dor pela perda da mãe boa. Nesse momento, surgiu um círculo vicioso: parecia que Robert, por meio de suas ações criminosas, procurava inconscientemente apossar-se das partes mais apreciadas da mãe boa que ele havia perdido. O processo do qual falei é de fundamental importância; baseia-se na presença de uma pessoa capaz de agir como um continente e desempenhar, além de um papel passivo, um papel ativo que consiste em "pré-digerir" e, em certo sentido, modificar uma situação, deixando claros e descrevendo os vínculos com outros eventos de modo a restituir algo que possa ser tolerado. Quando esse processo, repetido inúmeras vezes durante o desenvolvimento, ocorre normalmente, o indivíduo lentamente se torna capaz de funcionar como um continente e de elaborar, pelo menos dentro de certos limites, as experiências de seu mundo interno e as do mundo externo.

Isso tudo é útil para entender o criminoso e o significado de suas ações? Antes de mais nada, vamos considerar os fatores constitucionais. Quanto mais agressiva e violenta é uma criança, por natureza, mais sua mãe ou seu substituto será posto à prova e mais difícil será esse processo de importância fundamental. Os problemas se tornam ainda maiores se, por razões constitucionais, a avidez e a inveja forem muito desenvolvidas na criança. Além disso, mãe e filho podem ter traços de caráter semelhantes; uma criança caprichosa muito provavelmente tem uma mãe que também é caprichosa, cujas partes infantis competem com o filho em solicitações crescentes.

O terceiro caso clínico ilustra exatamente o que estou dizendo. Michael era o terceiro filho e, quando nasceu, sua mãe não conseguiu perdoá-lo por ser um menino; somente o nascimento de uma filha, que ocorreu dois anos depois, atenuou o ressentimento materno. A família era pobre e vivia nos limites da criminalidade.

Ao crescer, Michael realizou dois tipos de comportamento cindidos um do outro e caracterizados, respectivamente, por solicitude e violência. Sua coragem física era enorme, e fora do comum era sua sede de morte, sob a qual ocultava uma profunda depressão; procurava dinheiro por meio de roubos e trabalho duro. Com dinheiro, Michael tentou conquistar a simpatia de sua mãe, que quase todos os dias se queixava de nunca ter tido dinheiro na vida, nem quando jovem, nem depois de casada, porque o marido era muito parcimonioso com ela. Mas Michael notou que suas ofertas à mãe a aplacavam por um período muito curto. Finalmente, ele perdeu toda a esperança e tentou se matar: trancou-se em um trailer, derramou o querosene de um fogão no chão e incendiou-o. Essa ação autodestrutiva não foi apenas uma tentativa de suicídio, mas também uma tentativa de incinerar o trailer, que representava simbolicamente a mãe, e de destruir sua casa. Vale ressaltar que Michael passou os primeiros anos de sua vida em um trailer e sofreu enurese durante a infância e a adolescência. Ele foi salvo por um policial que passou por ali quando o fogo começou a se alastrar. Michael disse que queria pular de um precipício ou do telhado de um prédio alto, mas como por alguns anos ele consertou campanários e limpou chaminés, o que lhe permitiu obter somas decentes de dinheiro e adquirir uma notável sensação de equilíbrio, ele temia que não pudesse dar o salto que o mataria. Michael era um jovem robusto e fundamentalmente patético que levantou essa questão em mim: por que suas ações, que não são apenas adequadas, mas também parecem reparadoras, não lhe traziam uma paz verdadeira? As ações de Michael diferiam das verdadeiramente restaurativas porque eram baseadas em ansiedade persecutória, que, de fato, constituía o motivo fundamental.

M. Klein, descrevendo as primeiras fases do desenvolvimento emocional, afirmou que, no início, o bebê é dominado por uma ansiedade que parece vir de fora e atacá-lo, até ele temer que seja completamente destruído. Essas fases, que facilitam a divisão entre um objeto bom, geralmente idealizado e recompensador, e um objeto mau, desprezado e frustrante, são caracterizadas pela experiência de objetos parciais (por exemplo, o seio) e atingem seu pico no final do primeiro trimestre da vida. M. Klein apontou com o termo "posição esquizoparanoide", pois, que as fixações, isto é, os obstáculos emocionais não resolvidos, constituem nesse nível a base de uma possível doença psicótica futura. Entre 3 e 6 meses, o bebê faz alguns progressos na direção das relações objetais totais e, aos 6 meses, começa a reconhecer a mãe como uma pessoa inteira. Nesse ponto, a cisão diminui e os extremos opostos – bom e mau, idealizado e desprezado, gratificante e frustrante – se aproximam; além disso, aparece um tipo diferente de ansiedade, a ansiedade depressiva, com a qual se inicia o processo que, mais tarde, na segunda metade do primeiro ano de vida, leva ao aparecimento de sentimentos dolorosos de culpa e remorso devidos aos danos causados em fantasia ao objeto bom que havia sido confundido com o objeto mau; o bebê entende "o erro" somente quando se torna capaz de reconhecer o objeto inteiro, isto é, de distinguir a pessoa inteira. Esse é o período no qual a criança percebe que a mãe frustrante é a mesma mãe que dá gratificações, que a mãe má também é a mãe boa, sendo dois aspectos diferentes da mesma pessoa. É necessário ter em mente o significado do desmame, que quase sempre acontece quando a ansiedade depressiva atinge seu clímax: consiste na separação de um objeto parcial precioso, o seio, e na sua perda justamente quando o objeto inteiro, a mãe, é cada vez mais apreciado. Freud enfatizou a importância desse fenômeno, que descreveu com uma linguagem diferente, já em 1905. Além disso, o bebê relaciona o desmame ao notável aumento de sua capacidade destrutiva, que, segundo ele, é a prova dos primeiros dentes de leite que podem ser usados sadicamente para rasgar em pedaços. Mas voltemos à ansiedade depressiva: é claro que, quando esta predomina, está presente a culpa mais que a perseguição, o remorso mais que a vingança, a solicitude mais que o desânimo; em outras palavras, ela tem a ver com um sentido da responsabilidade. Se a posição depressiva, como M. Klein chamou aquele crescimento de experiências que se tem no segundo semestre da vida, é elaborada de maneira satisfatória, o processo de maturação pode progredir sem qualquer obstáculo e o caminho está aberto para a reparação do objeto bom danificado. A reparação ocorre, sobretudo, nos confrontos das representações mentais ou imagens internas da mãe, embora sejam feitas tentativas para reparar também a mãe externa e outras pessoas. Essa é a verdadeira reparação, muito diferente da atividade propiciatória que se origina do nível de desenvolvimento esquizoparanoide. Se o processo fundamental de alguma forma falha, é muito provável que a aproximação da posição depressiva, psicologicamente dolorosa, se interrompa e que a regressão ocorra em um nível mais primitivo, dominado pela ansiedade persecutória. A aproximação e o afastamento contínuos da posição depressiva significam que ela nunca é realmente processada e, portanto, o desenvolvimento não ocorre. Fundamentalmente, a base da atividade criminosa está na ansiedade persecutória: até a necessidade de agir que leva ao crime é experimentada na forma de ansiedade persecutória. Por outro lado, quando a posição depressiva é resolvida, pelo menos dentro de certos limites, as necessidades e decepções são mais bem toleradas e as injustiças podem ser suportadas até que seja identificado um método mais maduro e eficaz para se opor a elas: em outras palavras, as bases foram lançadas para um desenvolvimento da personalidade muito mais satisfatório. Muito diferente é o caso do psicopata cuja busca por gratificações instintivas, aparentemente hedonistas e feitas para seu próprio prazer exclusivo, deriva da e é estimulada pela ansiedade persecutória e não traz prazer nem alegria, nem mesmo por breves momentos. É necessário enfatizar que a elaboração da posição depressiva não é um *pons asinorum* do desenvolvimento emocional que é superado de uma vez por todas: ninguém nunca a atinge completamente; aquela a que estou me referindo é uma elaboração suficiente. Se a diferença entre a parte da pessoa que foi capaz de elaborar a posição depressiva e a parte que não pôde fazê-lo é muito grande e as forças em jogo são muito intensas, há fenômenos de cisão. Uma parte do indivíduo parece ter elaborado a posição depressiva, a outra não, e cada uma delas experimenta um tipo diferente de ansiedade: a parte madura, a ansiedade depressiva; aquela imatura e cindida, a ansiedade persecutória. É a situação de Dr. Jekyll e Mr. Hyde. A parte cindida pode ser representada por um ego alternante ou ser removida da consciência e mantida em uma espécie de limbo psíquico até que circunstâncias, dependendo de fatores internos ou externos, determinem seu comparecimento em uma das muitas formas possíveis.

Se a parte encapsulada explodir repentinamente, com escassos ou mesmo sem sinais de alerta, diz-se da pessoa até então considerada incapaz de qualquer violência: "Eu nunca teria pensado que ele poderia realizar tais ações!". Nesse caso, está em operação o mecanismo de cisão em vez do mecanismo de repressão, isto é, a parte reprimida foi cindida. Se a explosão é precedida por ansiedade ou por sentimentos depressivos e turbulentos, significa que entrou na consciência uma parte do ego que até então era reprimida.

Embora as ações criminosas às vezes não se manifestem até a adolescência, a maioridade ou até muito mais tarde, o padrão de comportamento é fixado na infância; isso depende do sucesso ou do fracasso do processo fundamental e está intimamente relacionado ao grau e ao modo de elaboração da posição depressiva.

Muitos, talvez a maioria daqueles cuja estrutura de personalidade se baseia em ansiedade persecutória, não realizam ações criminosas, mas agem simbolicamente como criminosos ou gratificam voyeuristicamente seus apetites sádicos, testemunhando, por exemplo, lutas de boxe ou touradas. Há aqueles que caçam animais grandes e aqueles, uma pequena minoria, que caçam, para destruí-los, pequenos animais pelos quais se sentem perseguidos. Há também aqueles que encontram uma maneira de fazer bom uso dessas tendências, realizando, por exemplo, o trabalho de controle de pragas ou o controle de roedores. Aqueles que não elaboram de forma alguma a posição depressiva não mudam e permanecem expostos para sempre ao perigo de praticar atos criminosos se tiverem tendência ao crime ou enfrentarem sérios transtornos mentais. De fato, o crime parece ser uma das duas alternativas enfrentadas por quem não desenvolveu a posição depressiva de maneira satisfatória. Há pessoas que parecem estar bem de saúde, em relação ao trabalho e aos sentimentos, mas, por um motivo ou outro, recorrem a ações criminosas. Outras oscilam entre criminalidade e doença mental: parece que às vezes a criminalidade é usada como defesa contra a doença mental. Mas o oposto também acontece, a saber, a doença ser usada inconscientemente como defesa contra impulsos criminais, especialmente contra impulsos assassinos e sádicos e contra perversões sexuais. Da mesma forma, se a ação criminal não for realizada, às vezes uma doença psicossomática aparece, mas isso é a expressão do castigo que o criminoso infligiu inconscientemente depois de cometer o crime. A lei que é aplicada constantemente nas situações descritas, como de fato em todos os outros relacionamentos humanos, é: alguém que trata os outros, ao nível de objeto total ou parcial, como se sente tratado por outros ou por partes de outros, e isso é verdade tanto para relações com objetos internos como para relações com objetos externos. O oposto também é amplamente verdadeiro: alguém se sente tratado por seus objetos internos ou externos assim como os trata. Quando a maneira como se é tratado é vivida de modo paranoico, o comportamento vingativo se baseia numa percepção errônea.

Certa vez, perguntei separadamente a cada um dos sessenta adolescentes fechados em um reformatório o que fariam se, numa briga casual, seu oponente caísse no chão. Todos, sem exceção, responderam: "É claro que eu o chutaria". À minha pergunta sobre por que o fariam, todos responderam: "Porque, se eu caísse no chão, ele me chutaria". Grande parte da atividade criminosa é determinada pela ansiedade de ser frágil, vulnerável e oprimido por aqueles que são maiores, mais fortes e cruéis.

Constitui um bom exemplo do que eu disse o quarto caso clínico, o de Jack, um homem de 40 e poucos anos que foi condenado a quatro anos de prisão por ter ferido um policial. Jack tinha um longo histórico de violência, que realizava apenas quando provocado e depois de beber uma boa quantidade de álcool. Ele tinha medo, assim parecia, de ser dominado por uma pessoa mais forte ou por um grupo de pessoas unidas contra ele. Tornara-se extremamente forte, praticando, com grande diligência, levantamento de peso, seu hobby, e outros exercícios físicos; na verdade, parecia uma montanha de músculos. Era difícil imaginar que pudesse ser derrotado em uma rixa em que nenhuma arma fosse usada. A sentença de quatro anos de prisão foi imposta porque, embora algemado dentro de um carro de polícia, ele conseguiu escapar dos quatro policiais da escolta, ferindo gravemente dois deles. Ironicamente, sua prisão fora um erro, porque realizada com base nas acusações injustas de sua mãe; já a sentença foi imposta por um fato muito violento. Nenhuma força muscular foi capaz de protegê-lo dos medos que surgiram da interação perigosa entre as experiências da infância e a violência dos impulsos. Após o abandono da família pelo pai, que ocorreu quando Jack era muito pequeno, a mãe mudava constantemente de companheiro; Jack odiava todos aqueles homens e, em particular, odiava um que, quando se mudou para a casa de sua mãe, habituou-se a trancá-lo no quartinho que servia como depósito de carvão. Uma vez, quando Jack tinha 5 anos, sua mãe e seu companheiro se esqueceram dele e ele passou uma noite longa e fria no quartinho de carvão com os ratos; quando se lembraram dele, pela manhã, Jack estava doente e tinha uma atitude submissa. Após esse episódio traumático, ele se mostrou violento em todos os seus relacionamentos. Mais tarde, porém, tornou-se mais controlado e, como adulto, tinha momentos de violência somente depois de beber.

Jack cometera seu primeiro crime aos 8 anos de idade, quando, do alto de uma ponte, jogou uma pedra grande no maquinista de uma locomotiva, fazendo-o perder os sentidos, no momento que o trem entrava no túnel. Ele disse que o homem era parecido com aquele que o trancara no quartinho de carvão. Não é necessário, nesse momento, aprofundar a natureza simbólica do ataque.

A maioria dos traumas descritos nesses casos clínicos, bem como os traumas encontrados na história de muitos outros criminosos, ocorreu quando o caráter já havia se formado, pelo menos dentro de certos limites, e anos após a posição depressiva ter sido elaborada ou, pelo menos, anos após o momento em que tal posição deveria ter sido elaborada.

O crime começa no período inicial de desenvolvimento, seja em casa, com a família, seja em uma família adotiva ou em uma instituição. É mais correto, no entanto, pensar no crime como uma condição que tem suas raízes na infância e pode piorar ou mudar parcialmente para melhor na infância, mas deve encontrar uma solução na adolescência: a solução pode consistir na luta contra impulsos criminosos que dominam as fantasias ou se rendem a elas, permitindo que elas se materializem em ações. Qual solução será usada depende de fatores que são quase total ou completamente inconscientes. O que foi semeado na primeira infância pode permanecer inativo por muito tempo ou causar explosões mais ou menos graves na infância; na adolescência, muitas vezes, o que foi contido com dificuldade é liberado e encontra expressão em uma série de ações desconcertantes. A parte criminosa constitui uma fonte de energia se mantida sob controle e se seu ímpeto agressivo puder ser usado para enriquecer as áreas mais construtivas da vida. Se, pelo contrário, for tão destrutiva e tão intimamente ligada ao instinto de morte para dominar as forças mais integradas que derivam do instinto de vida, terá que ser retida em si ou projetada em outra pessoa, ou direcionada contra objetos inanimados. É claro que não é incomum que impulsos gananciosos e vorazes sejam combinados com forças destrutivas: o comportamento que resulta disso vai daquele que é próprio aos homens de negócios àquele dos gângsteres, dependendo da organização de uma ampla gama de variáveis.

O final da terapia consiste em mudar o equilíbrio das forças presentes na personalidade do criminoso, em mudar a escala de valores do extremo em que há violência, destrutividade e irresponsabilidade, para aquele em que se coloca o respeito pelos outros, a capacidade de conter e o senso de responsabilidade. O agir de certa maneira porque racionalmente se sabe que é justo ou o cativar os outros por medo de suas vinganças punitivas não é suficiente e, em qualquer caso, é muito provável que um comportamento com bases semelhantes não seja capaz de resistir aos conflitos oníricos entre vida e morte, amor e ódio, saúde e doença, que fazem parte da nossa vida. A humanidade do criminoso é como uma planta frágil que só pode crescer e florescer se for cuidada com constância, compreensão, firmeza e paciência.

9. Quando a ideia de morte não pode ser contida[1]

Em 1956, foi-me pedido para tratar com psicoterapia um homem que cumpria pena de prisão perpétua por ter cometido um assassinato. Na verdade, ele havia sido condenado à morte, sentença que depois foi transformada em prisão perpétua. No ano seguinte, em 1957, me foi pedido que tratasse de vários outros condenados também por homicídio. O que mais me impressionou foi a presença, nos homicidas condenados, de uma constelação de fantasias, sonhos, pensamentos, impulsos e ruminações relacionados com matar, aniquilar e destruir. Indiquei para essa constelação um termo chamativo: "plano para um homicídio". Nos anos que se seguiram, tentei descobrir se o tratamento psicoterapêutico feito por um analista a um prisioneiro poderia levar à elaboração e à alteração do "plano", ou seja, se seria possível atingir um nível de elaboração que tornasse o estado intrapsíquico relativamente inofensivo e se o "plano" deixaria de ser uma estrutura encapsulada na mente e uma fonte de perigo contínuo para a vida.

1 Apresentado à Clínica Tavistock, Londres, em 1979.

Após obter um sucesso modesto com os pacientes tratados na prisão, dirigi meu interesse àquelas pessoas que, embora em liberdade por não terem cometido nenhum assassinato, eram consideradas assassinas potenciais ou eram angustiadas por temerem que mais cedo ou mais tarde pudessem matar. Alguns psiquiatras e psicólogos identificaram, com base no "plano para um assassinato", um certo número de pessoas desse tipo. Para reconhecer e identificar o "plano", os psicólogos também usaram testes projetivos. Quando a própria pessoa se lamentava por fantasias, sonhos ou impulsos homicidas, não era difícil convencê-la a fazer psicoterapia; em dois ou três casos, também foi possível um tratamento analítico. Mas quando o "plano" era encontrado em pessoas que não tinham consciência de suas tendências homicidas, surgiu a questão de deixar essas tendências imperturbáveis em uma espécie de limbo intrapsíquico ou, em vez disso, chamar a atenção para elas e sugerir fortemente a psicoterapia. Consideramos apropriado mostrar a relação entre o que descobrimos e os sintomas apenas nos casos em que era possível discernir com certeza o que a pessoa havia dito para se concluir que se tratava de uma ameaça à vida.

Entre os que puderam ser analisados, estava um adolescente de 16 anos que se lamentava por ser "forçado" a matar meninos um pouco mais jovens que ele, ou seja, os que estavam entrando na adolescência. Ele próprio dissera aos pais que não fazia ideia de quanto tempo seria capaz de conter o impulso assassino, ou seja, quanto tempo ele resistiria a agir. Esse paciente sempre fantasiava sobre homicídios e atividades homossexuais e sádicas, que depois vivia, no nível mental, de maneira muito concreta e com grande riqueza de detalhes. A constelação de fantasias sempre esteve presente durante a masturbação; de fato, por meio da análise, descobriu-se que isso era essencial para que ele atingisse o orgasmo. Sucessivamente, tornou-se evidente que era precisamente a masturbação acompanhada de fantasias homicidas que impedia que o assassinato fosse realizado, mas o estado de potencialidade homicida perpetuava-se ao infinito porque as fantasias homicidas eram necessárias para atingir o orgasmo. Se o desejo de matar está intimamente ligado à sexualidade, isso se torna algo que tem a ver com a morte e com o matar, mais do que com criar uma nova vida.

Com o tempo, percebi que um fator relativamente constante na formação e na manutenção do "plano" era representado por uma experiência na qual os indivíduos que posteriormente trouxeram o "plano" para dentro de si temiam por suas próprias vidas e, portanto, permaneciam aterrorizados pela morte. Na maioria dos casos, a experiência que os potenciais assassinos haviam vivido consistia em terem sido imobilizados e tornados impotentes para fazer qualquer coisa, à medida que seu terror aumentava cada vez mais e a angústia de morrer os vencia.

O jovem que mencionei conta um "acidente" desse tipo que parecia conectar a infância, durante a qual, infelizmente, teve uma mãe incapaz de contenção da maneira mais absoluta e um pai brutal que o espancou de seu primeiro a seu quinto ano de vida, e a adolescência, durante a qual fantasias assassinas e impulsos para agir o perseguiram. A família do jovem acabara de se mudar para uma nova cidade quando o "acidente" ocorreu: o "sequestro" por um grupo de garotos violentos que ameaçaram introduzir nele um pedaço de grade de ferro, cuja extremidade era semelhante à de uma lança medieval, se ele não jurasse se tornar escravo deles. De fato, ele se tornou escravo de um estado psíquico que constituía uma ameaça constante à vida, de uma introjeção maciça que comprometia a existência: tornou-se escravo da imagem interna do líder do grupo de seus agressores. Mas, nesse ponto, seu comportamento muda radicalmente: de passivo, ele se torna ativo; a partir de agora, ele semeará o terror e nada mais lhe dará medo. A partir de agora, ele será o agressor e não a vítima. Acho que um processo desse tipo ocorre toda vez que há identificação com o agressor.

Os numerosos casos semelhantes ao descrito, segundo alguns, indicariam que o "plano para um homicídio" está intimamente ligado ao sadismo, cuja origem é muito remota no tempo e cuja causa pode ser encontrada em uma mudança de equilíbrio entre instintos de vida e de morte em direção ao instinto de morte. Isso pode ser verdade, mas certamente não é uma explicação suficiente. O exame das várias atividades que envolvem perigo para a vida me fez entender que o termo "plano para um homicídio" era muito redutivo; eu o substituí, então, por "constelação de morte", expressão que pode ser usada para compreender as transformações que ocorrem em uma pessoa tanto quando ela luta contra a morte que está nela como quando ela se rende a ela; em particular, a expressão inclui não apenas aqueles que tendem a se autodestruir, indo até o suicídio, mas também aqueles que desafiam o medo da morte, dedicando-se a esportes que colocam suas vidas em perigo ou realizando atos arriscados.

Junto com meus colaboradores, confirmei o fato bem conhecido de que a frequência de tentativas de suicídio cometidas pelos assassinos depois que cometeram o crime é alta; também descobri que um número considerável de homicidas havia tentado uma ou mais vezes cometer suicídio antes de matar. Não apenas isso, mas também notei que as doenças psicossomáticas, muitas das quais de considerável gravidade, eram bastante frequentes entre os condenados por homicídio. Já doenças psicossomáticas menos graves e distúrbios do tipo hipocondríaco eram comuns entre pessoas cujos fortes impulsos homicidas não eram atuados. Enquanto eu conduzia esse estudo sobre homicídio, me pediram para conversar com adolescentes, pertencentes a famílias diversas, órfãos de um dos genitores morto por assassinato. Um dos casos era de um irmão e uma irmã adolescentes. Quando os vi pela primeira vez, tinham encontrado a mãe, já sem vida, sobre uma poça de sangue no chão de um quarto da casa; a irmã tinha quase 5 anos e o irmão, pouco menos de 2. O outro caso foi o de dois irmãos cujo pai havia sido morto quando eles tinham, respectivamente, 4 e 2 anos.

Primeiro caso: o garoto, com 16 anos, falou de suas fantasias e de seus impulsos assassinos; já a menina não tinha tanto medo de cometer um crime violento, mas sim de ser vítima. Isso se deve não apenas à identificação com a mãe morta, mas também ao desenvolvimento emocional do sexo feminino e ao fato de a tragédia ter acontecido quando a menina tinha cerca de 5 anos e, portanto, conseguia verbalizar, dentro de certos limites, o enorme susto e sua grande dor.

Segundo caso: cada um dos dois irmãos, ao chegar à idade de 15 anos, foi tomado pelo terror de ser morto, o que indica claramente a identificação com o pai morto, e, além disso foi atormentado pelo impulso de matar um homem, o que mostrava que a identificação com o assassino do pai havia ocorrido. Durante o tratamento psicoterapêutico, o menor dos irmãos me contou vários sonhos que tinham todos o mesmo tema: a luta entre um homem-pai e um jovem-filho. O resultado da luta variava: às vezes, como na história de Édipo e Laerte, o filho matava o pai; outras vezes, o pai matava o filho, como acontece entre Sohrab e Rustum.[2] No entanto, em todos os sonhos, durante a luta, a arma do crime – e sempre houve uma só – passava de um para o outro, ou seja, a potencialidade homicida era inerente à arma, que representava o poder mais que as pessoas que lutavam.

---

2 Personagens de um poema de Matthew Arnold publicado em 1853. O poema relata um célebre episódio do épico persa *Shahnameh*, de Ferdowsi, sobre um grande guerreiro, Rustum, que, sem saber, mata seu filho, Sohrab, em batalha [N.T.].

Apresentarei um problema semelhante com um adolescente de 15 anos, grande e com pouco desejo de estudar, que me foi assinalado por estar constantemente planejando matar os policiais. Ele realmente queria e não queria matá-los; porém, seus impulsos homicidas eram muito fortes. Sua família passara recentemente por um período trágico: um irmão, seis anos mais velho que ele, fora enforcado por fazer parte de uma gangue que matara e depois roubara uma pequena quantia. Embora tivesse se oposto ao assassinato, o tribunal o considerou culpado e o condenou à forca, de acordo com a lei em vigor naquele tempo. Duas semanas após a execução, o pai morreu de câncer; a mãe e a irmã estavam destruídas pela dor e o adolescente não tinha ninguém que pudesse ajudá-lo a conter seu desespero. Felizmente, um agente de condicional muito sensível e capaz agiu como continente tanto para o garoto como para o resto da família – eu fiz a supervisão de seu trabalho com regularidade, uma vez por semana. Após cerca de quatro anos, o rapaz tornou-se um jovem homem e conseguiu um progresso fora do comum, de modo que não havia mais motivo para preocupação com ele. O agente havia facilitado a formação de novos e diferentes laços entre os membros da família e, ainda mais extraordinário, ajudara o adolescente a crescer e amadurecer.

Todos os pacientes descritos têm em comum a vivência, em um período de particular fragilidade – a juventude –, de uma experiência que tem a ver com a morte. A experiência tornou-se indigesta no nível psíquico porque era de dimensões muito grandes ou porque a criança que a sofreu não havia recebido uma estrutura que pudesse contê-la; portanto, havia formado o núcleo da "constelação de morte", que era extremamente difícil de modificar. Em outras palavras, a "constelação" tendia a permanecer inalterada. Também tendia a ser cindida, separada da maior parte da atividade psíquica, de modo que os eventos da vida não a tocavam e não reduziam seu caráter maligno. Ao mesmo tempo, persistia o perigo de que, após um luto, uma desilusão, uma doença grave com risco de vida, uma desgraça, toda a "constelação" pudesse ser reativada e pudesse abandonar, como de fato acontecia frequentemente, a sua posição no limbo intrapsíquico. Particularmente perigosas foram aquelas situações em que a ideia de morte estava associada a um prazer perverso e à excitação despertada pelo envolvimento com atividades que colocam em risco a própria vida, ou ao tomar conhecimento de que alguém foi ferido ou morto.

Quando a "constelação de morte" não é encapsulada de maneira particularmente eficaz, as ideias em torno da morte e mesmo algumas situações em que a vida da pessoa está em perigo podem ser abordadas e tornadas menos "intoxicantes". Portanto, elas não se acumulam, não dão origem a um estado intrapsíquico doentio, não formam uma "constelação" cuja tendência é se dilatar cada vez mais e cujo conteúdo não metabolizado tem a ver com a ameaça à vida e com a atração pela morte. Um exemplo do que estou dizendo é o caso de um homem, um pescador por profissão, que, preso ao cabo de seu barco, por pouco não morreu estrangulado. A respiração artificial praticada imediatamente e a subsequente hospitalização em uma unidade de terapia intensiva lhe salvaram a vida. Sua condição continuou a melhorar com regularidade e, dois meses depois, ele retomou o trabalho. Enquanto ouvia com grande atenção a história do acidente, fiquei impressionado com a falta de qualquer elemento paranoico ou que revelasse uma ansiedade particularmente intensa: ele havia provado terror, depois não se lembrava do que havia acontecido e, quando abriu os olhos, ficou perplexo e abalado, mas não preocupado além da medida. O terror e o sentimento de impotência que ele sentiu enquanto o cabo o esmagava duraram apenas alguns segundos. Não houve tempo, portanto, para sua estabilidade ser afetada antes que ele perdesse a consciência. Penso que, quanto maior o período pelo qual uma pessoa tem de suportar, impotentemente, uma grande ameaça à própria vida, mais provável é o risco de permanecer algum resíduo não metabolizado em sua psique, que constituirá o núcleo da "constelação de morte".

O que segue é um rol de alguns dos elementos característicos associados à persistência da "constelação de morte":

1) Predomínio do ódio sobre o amor.
2) Inveja primária constitucional muito intensa.
3) Incapacidade de conter a necessidade, sentida como irresistível, de uma pessoa que age como continente (mãe suficientemente boa).
4) Incapacidade de crescer e, portanto, de atuar como continente, ou, em outras palavras, incapacidade de internalizar e reter dentro de si a imagem da pessoa que a contém.
5) Falta de figuras boas nos primeiros períodos de vida ou inabilidade de fazer uso delas.
6) Experiências trágicas durante a infância, como aquelas de um paciente meu que foi uma criança espancada e que, quando adulto, se tornou um homicida.
7) Doenças dolorosas e de longa duração.
8) Ter assistido, durante a juventude, a mortes e episódios de crueldade.
9) Ligação entre "constelação de morte" e sexualidade: a perversão sexual faz com que a sexualidade signifique destruição (morte) em vez de criação (vida).
10) Estrutura e organização de tipo narcísico da personalidade.
11) Arrogância (um assassino conhecido disse sobre suas vítimas: "Que me importam elas? São apenas animais").

12) Submissão a um líder ou, em uma personalidade narcísica, ao próprio líder intrapsíquico sádico e homicida.

Antes de examinar as vicissitudes da "constelação de morte", desejo lembrar que os assassinatos na Inglaterra são relativamente raros: sua percentagem é de 0,6 por 100 mil habitantes por ano; na Colômbia, o país com o maior percentual, são 34,4 por 100 mil habitantes por ano.[3]

As fantasias homicidas e os homicídios cometidos nos sonhos são muito mais frequentes do que os reais: isso indica que, na maioria dos indivíduos, graças a um processo de elaboração, a intensidade dos impulsos homicidas é reduzida. As perguntas a fazer são duas: 1) pode a "constelação de morte" tornar-se completamente inofensiva, de modo que os impulsos homicidas não venham a ser atuados?; e 2) apesar de tudo, sempre existe o perigo de que impulsos homicidas não passíveis de serem contidos reapareçam?

Não é possível responder a essas perguntas em termos absolutos. Com base na minha experiência, sou levado a acreditar que muitas pessoas nunca poderiam chegar ao ponto de matar por motivos pessoais. A situação não é tão precisa nas guerras, situações em que a sociedade concede permissão para matar, desde que não por motivos pessoais. Aqueles que, na minha opinião, dificilmente poderiam ser levados a cometer um assassinato por motivos pessoais têm uma característica em comum: a de ter elaborado de maneira bastante extensa a posição depressiva, seja no primeiro ano de vida, seja toda vez que, posteriormente, é apresentada a necessidade; são pessoas cuja vida psíquica e cujos relacionamentos interpessoais são geralmente caracterizados por sentimentos de culpa e um senso de responsabilidade. Isso não significa, de forma alguma, que sejam obtusos ou dedicados exclusivamente a boas obras, mas que seu

3 Dados de 1979 [N.E.].

equilíbrio e seu autocontrole são tais que não têm medo de si ou dos outros. Em vez disso, de acordo com a minha experiência, as pessoas motivadas pelo impulso de danificar ou de matar são desconfiadas, carecem de confiança em si mesmas e nos outros e obedecem à lei fundamental segundo a qual o modo como uma pessoa trata os outros, na realidade ou na fantasia, por projeção, é o modo como ela acredita que é ou será tratada pelos outros. Se o mundo interno causa terror, vem à tona o que Shakespeare assim descreve:

> *É noite, frente a um pensamento de terror,*
> *um arbusto pode parecer um urso!*[4]

Os problemas surgem quando a pessoa considerada um potencial agressor é atacada, por assim dizer, com antecedência, ou seja, antes que possa agir. Fiquei impressionado com o fato de que todos os pacientes homicidas ou potencialmente homicidas que estudei eram prisioneiros de um estado mental em que a ansiedade persecutória predominava sobre o estado depressivo. O que isso significa? Freud, em *Além do princípio do prazer* (1920), formulou a teoria dos instintos de vida e de morte e, além disso, imaginou o que está além do mais profundo e mais elementar do princípio do prazer. Sua resposta foi: a tendência típica de todos os seres humanos de repetir o mesmo comportamento. De fato, essa é uma característica comum de todo ser vivo e se manifesta tanto na ontogênese quanto na filogênese. M. Klein, partindo da teoria freudiana dos instintos de vida e morte, chegou ao conceito de uma posição depressiva que, particularmente importante para o tópico com o qual estou lidando, constitui na sua opinião a linha divisória entre a fase inicial e a mais primitiva do desenvolvimento infantil, caracterizado pela predominância de ansiedade persecutória, e a fase subsequente, em que há um tipo de ansiedade mais integrada e que marca um avanço

---

4 Shakespeare, *Sonho de uma noite de verão*, ato V, cena I [N.T.].

no desenvolvimento: a ansiedade depressiva. A posição depressiva é importante em relação aos ataques à vida, pois nas pessoas em que não foi suficientemente elaborada durante o primeiro ano, permanece a tendência a voltar aos estados mentais dominados pela ansiedade persecutória. Isso significa que o sentimento de culpa e responsabilidade, típico da posição depressiva, tem raízes pouco profundas e é substituído por ressentimento e um sentimento de perseguição que, nas formas mais graves, constitui uma ameaça à própria vida: naturalmente, a ameaça é percebida como medo de um ataque proveniente de alguém ou de algo que é externo. Quando o bebê sente uma dor no corpo, esse alguém ou alguma coisa é percebido como um perseguidor interno que o ataca por dentro. Portanto, na sua forma mais simples, os ataques à vida, fantasiados ou reais, são induzidos pela ansiedade e pelo medo de que a pessoa pode sofrer se não atacar primeiro. De fato, nada pode substituir o retrabalho contínuo da posição depressiva, e é em virtude desse processo que o senso de responsabilidade pelas próprias ações e por suas consequências predomina sobre sentimentos de ódio e ressentimento, e que o sentimento de culpa adquire gradualmente maior importância que o de vergonha. Em contrapartida, quando o processo não ocorre totalmente ou não ocorre de modo suficiente, os ataques à vida, embora não sejam inevitáveis, são muito mais fáceis. Suas consequências variam: elas dependem de vários fatores, todos importantes.

A "constelação de morte" in situ

Durante as entrevistas para verificar se o pedido de tratamento psicoterapêutico ou psicanalítico deve ser aceito ou não, frequentemente descobrimos histórias caracterizadas por uma infinidade de elementos relacionados à morte. Às vezes se manifestam na forma de medo de morrer por homicídio, por acidente ou por doença, e às vezes na forma de comportamentos que implicam risco à vida, como dirigir um automóvel em alta velocidade, ou em más condições, ou conduzir sob a influência de álcool ou drogas. A "constelação de morte" pode operar quase exclusivamente contra aqueles que a têm dentro de si ou contra outros. Entre os dois extremos, há uma ampla gama de situações intermediárias.

Outro problema é apresentado pela variação no tempo da atividade da "constelação de morte": ela pode permanecer em uma espécie de limbo psíquico por vários anos até que algo aconteça que a reative; a tendência de passar a agir no mundo externo e no mundo interno, ou naquele em vez de neste, torna-se muito forte e, finalmente, leva a duas possíveis consequências: a pessoa pode estar mal e, caso peça ajuda neste momento, revelar a "constelação de morte" em todas as suas evidências desde a primeira entrevista; a pessoa pode realizar atos que, embora indiretamente, lancem luz sobre impulsos e fantasias que despertam em sua mente; ou, em alguns casos, felizmente pouco frequentes, a pessoa atua a "constelação de morte" com toda a sua violência e o seu poder destrutivo. A pergunta a ser feita é: qual processo faz com que se possa reduzir a crueldade da "constelação de morte"? A resposta não é difícil: a reelaboração da posição depressiva. A reformulação completa e total da posição depressiva modifica e às vezes torna inofensiva a "constelação de morte". Vários fatores se colocam para que isso aconteça, entre eles, encontrei um com frequência: a aproximação da posição depressiva que causa uma punição séria, na medida em que implica tomar consciência do ressentimento, das tendências destrutivas, da crueldade e da inveja que haviam induzido a pessoa a realizar ações, na realidade ou na fantasia, que tivessem sido causa de perigo para a vida dos outros. Naturalmente, a dor que determina o contato com tais sentimentos é maior se os impulsos destrutivos se manifestarem em toda a sua intensidade por meio de atos concretos. É precisamente esse sofrimento que muitas vezes faz o movimento reverter da posição esquizoparanoide para a posição depressiva, isto é, em sentido oposto. A pessoa ou objeto que desperta o sofrimento do remorso torna-se um perseguidor. A rápida transformação dos sentimentos de apreensão pelo objeto que mostra o dano causado pelo ataque em sentimentos de raiva e perseguição resulta em um aumento adicional da atividade destrutiva. Deve-se ter presente que o próprio sofrimento psíquico se torna perseguidor e, portanto, há um retorno ao estado mental dominado inteiramente pela ansiedade persecutória.

Esses indivíduos apresentam uma imagem diferente daqueles que carregam em si a "constelação de morte" e que ameaçam outros por muito tempo, meses ou anos, ou seja, durante todo o período compreendido entre a primeira ação por meio da qual o impulso homicida se manifestou veladamente e o momento do pedido de ajuda, ditado pelo medo de que o impulso pudesse ser acionado sem obstáculos. Se é verdade que a falta de autoconfiança e o humor sombrio dessas pessoas, em razão da incapacidade de elaborar suficientemente a posição depressiva, agravam os problemas de retorno ao estado em que predomina a ansiedade persecutória, também é verdade que precisamente aqueles que chegaram tão perto de realizar um assassinato costumam usar psicoterapia ou psicanálise para reelaborar a posição depressiva, o que significa reduzir a gravidade do perigo da "constelação de morte", aumentar a capacidade de conter impulsos agressivos e reduzir a necessidade de agir sobre outras fantasias e impulsos homicidas. Isso também significa que a terapia chegou a um ponto em que a ameaça de suicídio se tornou um problema muito sério.

Com o progresso do trabalho terapêutico, os atos falhos se tornam muito frequentes. Se a posição depressiva não for reelaborada toda vez que a atividade da "constelação de morte" for retomada, o risco de suicídio aparecerá.

Quando a "constelação de morte" é particularmente intensa, uma multidão de impulsos tende à autopreservação, que pode provocar o que parece ser uma recaída completa, enquanto na realidade é apenas uma questão de pequenos ataques à vida de outras pessoas que não têm nada a ver com o assassinato. Em vários casos que observei, esses ataques se manifestaram sob a forma de dirigir perigosamente, um comportamento com consequências imprevisíveis.

A resposta à psicoterapia ou à psicanálise depende da capacidade do terapeuta de conter todas as manifestações de ansiedade devidas à atividade dos instintos de vida e morte sem ser excessivamente perseguido. Enquanto no curso do tratamento o terapeuta assume esse papel de continente que é próprio dos pais no relacionamento com os filhos, podem ocorrer importantes mudanças intrapsíquicas no paciente. Quando as circunstâncias são favoráveis, após uma terapia satisfatória, o risco de assassinato ou de suicídio se reduz consideravelmente.

Escolha da vítima

Às vezes a vítima é escolhida diretamente: é a pessoa odiada ou desejada, ou simplesmente a pessoa que o acaso fez encontrar; às vezes, essa escolha é ditada por razões narcísicas e representa o agressor. Pode ser, ainda, que a vítima represente uma pessoa odiada e amada ao mesmo tempo: um dos pais, a esposa, um irmão, um filho; nesses casos, uma situação perigosa é ainda mais exacerbada porque, para a vítima que age como bode expiatório, não há amor: ela é objeto somente de ódio. A escolha da vítima ocorre fora do contexto familiar, precisamente porque os laços afetivos com os familiares impedem que estes se tornem vítimas de violência. Não é de admirar que a "constelação de morte" comece a atuar precisamente no ambiente social que é o contato mais imediato da família.

De fato, existem muito poucos tipos de relacionamento entre membros da família que ameaçam a vida; são aqueles em que os personagens do triângulo edipiano, mãe, pai e filho, são de alguma forma mortos. Na mitologia e na literatura, o emblema do parricídio é a história de Édipo; o do matricídio, a de Orestes; e o do assassinato dos filhos, ambas. O poema de Matthew Arnold, *Sohrab e Rustum*, ilustra como o pai mata seu filho por rivalidade; a história de Caim e Abel destaca a rivalidade entre irmãos. Em *João e o pé de feijão*, o pai, um gigante cruel, é morto pelo filho corajoso e intrépido; em *Branca de Neve*, a mãe-bruxa, impulsionada pela inveja e pelo ciúme, mata sua encantadora filha.

Não há menção ao imenso número de famílias em que, apesar da presença dos fatores tristes, mas inevitáveis, que levam a hostilidade, avidez, inveja, ressentimento e desejo de vingança, a elaboração dos vários problemas teve um resultado feliz. Em vez disso, ouvimos falar das famílias em que os vários membros não se ajudaram, e, mesmo nesses casos, é bastante raro um membro da família ser atacado: os sentimentos de afeto que o potencial homicida sente por ele fazem com que a "Constelação da Morte" o salve e a vítima se torne outra pessoa, uma pessoa de alguma forma ligada ao odiado membro da família.

Um exemplo é o caso de um jovem que, depois de lamentar com a mãe que havia induzido a garota com quem queria se casar a deixá-lo, finalmente pareceu resignado. Alguns dias depois, porém, aparentemente sem motivo, ele agrediu uma amiga íntima de sua mãe, empurrou-a para uma vala, segurou-a sob a água até ter certeza de que ela se afogara e depois foi embora. A vingança, induzida pelo ressentimento, havia sido removida e depois agiu contra uma pessoa inocente, não detestada, mas tampouco amada, uma amiga da mãe por quem o jovem alimentava sentimentos homicidas junto com sentimentos de afeto, dos quais, em certo sentido, se sentia dependente.

Vicissitudes da "constelação de morte"

A "constelação de morte" pode entrar em uma espécie de hibernação e permanecer "silenciosa" por um longo tempo ou pressionar para "ser atuada". Gradualmente, porém, também pode se tornar menos maligna e menos virulenta. Para aqueles que carregam dentro de si a "constelação de morte", é importante o que acontece no mundo externo, mas ainda mais o que acontece no seu mundo interno.

1) Na melhor hipótese, a reelaboração da posição depressiva modifica a "constelação de morte", para a qual é alcançado um novo equilíbrio psíquico, muito menos perigoso que o anterior, às vezes com um grau mínimo de perigo.
2) O equilíbrio psíquico pode ser precário e talvez permaneça assim por vários anos, até que o estímulo para agir os impulsos diminua e a probabilidade de que a vida seja atacada se reduza. No entanto, é necessário sublinhar que o perigo de agir a "constelação de morte" se torna grave quando quem a carrega dentro de si está atravessando um período de crise: o luto, a aposentadoria, a perda do emprego, o abandono por parte do cônjuge, a menopausa e o climatério masculino são algumas das situações que aumentam o perigo.
3) Em alguns casos, defesas inconscientes são desenvolvidas: em muitos dos pacientes que estudei, elas consistiam em uma organização obsessiva; o assassinato era frequentemente realizado em fantasia.

"Uma boa xícara de arsênico, minha querida", diz Pough em *Under Milk Wood* (Sob o bosque de leite),[5] ao levar um chá para a

5 Drama de rádio póstumo do poeta galês Dylan Thomas, encomendado pela BBC. Thomas faleceu em 1953, aos 39 anos, e a transmissão ocorreu em 1954 [N.T.].

esposa. Às vezes, a "constelação de morte" precisa de um número tão grande de condições essenciais para atuar que as chances de elas serem satisfeitas ao mesmo tempo são extremamente escassas.

Um exemplo do que estou ilustrando é um jovem que sentiu um impulso irresistível de atacar e matar adolescentes, desde que correspondessem em todos os detalhes à imagem que ele tinha em mente: deviam ter um aspecto agradável, um pouco gordos, bem vestidos, com o rosto sem barba, uma expressão satisfeita, um leve inchaço na parte inferior do abdômen e, sobretudo, as calças um pouco brilhantes e desgastadas pelo uso. Evidentemente, é muito difícil que todas essas características sejam encontradas juntas. Para outro assassino em potencial, a vítima só podia ser uma garota de 9 a 11 anos de idade que tivesse uma expressão inocente e, ao mesmo tempo, sedutora, e, acima de tudo, que usasse um chapéu de lã.

Na passagem de um estado caracterizado pela tentativa de controlar e conter os impulsos homicidas para outro no qual as energias estão envolvidas principalmente na tarefa de matar, a supressão temporária da capacidade de simbolizar tem um papel fundamental: torna-se operativo o que H. Segal descreveu como "equação simbólica". Em outras palavras, estamos testemunhando um aumento tão grande na concretização que os pensamentos se tornam ações. Wertham, em seu livro *The Show of Violence* (O show da violência) (1949), descreve as mudanças que ocorrem quando o assassino em potencial começa a se transformar em um assassino real; ele deu o nome de "crise catatímica" à conquista da totalidade da psique da pessoa que tem impulsos homicidas por parte da "constelação de morte". Uma vez cometido o assassinato, um certo equilíbrio intra-psíquico é alcançado gradualmente, o que é, no entanto, muito precário. Bion fala de um homem que projetou a imagem interna dos próprios pais, imagem de pais contrários à sexualidade, sobre pais reais e os matou obedecendo à ideia delirante de que somente quando eles morressem ele estaria livre para fazer sexo com a garota pela qual pensava estar apaixonado. A projeção desencadeou a "crise catatímica". Alguns dias depois, quando um certo equilíbrio intrapsíquico foi restaurado, ele, acompanhado pela moça, foi a uma delegacia e pediu para ser preso.

A passagem da ideia à atuação de um assassinato parece estar ligada aos seguintes fatores:

1) Mudança rápida da posição depressiva para a esquizoparanoide.
2) Supressão temporária da capacidade de simbolizar.
3) Alta frequência e intensidade de sonhos e fantasias homicidas.
4) Incapacidade de tolerar o luto pelas vítimas de assassinatos de fantasia.
5) Arrogância do potencial homicida que reduz a vítima potencial a: (a) um ser de natureza inferior, desprezível, abjeta; (b) conjunto de partes (objetos parciais).
6) Poder invasivo e força dos impulsos maníacos que fazem uma varredura do sentimento de culpa e da capacidade de se preocupar, isto é, de qualquer sentimento que, se tolerado, provavelmente levaria à posição depressiva.
7) Fatores relacionados ao meio social:

    a) Qual é o grau de tolerância ao homicídio no ambiente onde a pessoa vive?
    b) Existe uma figura com funções de superego que tolera assassinatos ou é assassina, como pais, professores, líderes religiosos ou políticos?
    c) Portar uma arma que pode matar torna muito fácil seu uso em determinadas circunstâncias. A pessoa mais vulnerável

> é incapaz da digestão psíquica de cenas nas quais homens, ou, às vezes, animais, são mortos e se identifica com o assassino ou com a vítima, ou em alguns momentos com um e em outros com o outro.

O problema é muito complexo porque fatores intrapsíquicos e fatores interpessoais interagem. Seria fácil pôr fim à pesquisa, uma vez que se estabeleça que o homicídio tem uma etiologia múltipla e que é realizado quando muitas coisas acontecem em um período muito curto. O potencial homicida não é capaz da digestão psíquica das próprias experiências; de fato, elas pioram progressivamente a situação até que o símbolo se torne uma equação simbólica: é nesse ponto que o assassinato é cometido. No entanto, pude constatar que, em um número significativo de casos, pode acontecer que a situação não se torne cada vez mais perigosa, mas perca sua virulência; ao mesmo tempo, a capacidade de simbolizar aumenta e o homicídio é evitado. Quando tudo é resolvido favoravelmente, às vezes ninguém morre. Em contrapartida, morre, suicida-se, quem reintrojeta a "constelação de morte" inteiramente. Conheci um homem cujo trabalho consistia em enviar aos contribuintes a avaliação do imposto de renda calculada por um inspetor arrogante e cruel incapaz de tolerar de maneira alguma que seu trabalho fosse discutido. Esse homem, sentindo-se muito culpado por trabalhar para um superior, decidiu matá-lo. Em uma noite de neblina espessa, seguiu-o por quilômetros, pronto para golpeá-lo com um grande bastão; o tempo todo esteve em um estado mental do tipo "ser ou não ser"; ao fim, deixou a vítima pretendida desaparecer na neblina e retornou à sua casa, onde se matou. Esse não é um caso raro.

Quando uma experiência infantil que teve a ver com a morte ou com sérias ameaças à própria vida ou à de outros não foi elaborada, permanece na psique para constituir o núcleo da "constelação de morte". Para um de meus pacientes, a experiência da infância consistiu em testemunhar o assassinato de um ladrão que fora pego em flagrante, mas que se recusara a assinar a intimação para depor no tribunal. O ladrão, então, foi morto por um tio do paciente, que era policial. Posteriormente, esse paciente desempenhou os dois papéis, o do assassino e o do morto, até ser sentenciado à prisão perpétua.

Há pessoas que não digerem, não metabolizam, no nível psíquico, a "constelação de morte", e por muitos anos "sofrem" sem descanso tendo sonhos e fantasias homicidas: a "constelação de morte" parece ter se tornado inevitável. Alguns pacientes cujo comportamento nos parece não ter nada a ver com tendências homicidas às vezes contam sonhos que falam de assassinatos; no entanto, realizando um exame detalhado, percebemos que sua criatividade, a criatividade dos outros e seu relacionamento com os outros são sacrificados e mortos. Uma pessoa do tipo descrito costumava exclamar, quando era submetida a um projeto criativo: "O matarei! O farei morto, ressecado". O estudo de acidentes que colocaram em risco a vida de quem os causou e a de outros evidencia um tipo diferente de destrutividade. Às vezes, o trabalho da "constelação de morte" se revela por meio de graves doenças psicossomáticas ou um distúrbio hipocondríaco: isso significa que os ataques à vida permanecem confinados a determinado órgão. Durante a terapia dos homicidas condenados por seus crimes e, não raramente, durante a análise de pacientes que não mataram, pode-se descobrir o vínculo entre as várias manifestações que indicam a atividade da "constelação de morte".

Anos atrás, em um período em que fui absorvido pelo problema de como enfrentar a "constelação de morte" em pessoas que não a haviam atuado de maneira alguma, um paciente que estava em uma fase particularmente estática da análise me trouxe uma série de sonhos, e todos eles tinham o mesmo tema: assassinato. Neles, na maioria das vezes, ele se comportava como um observador com muito medo de intervir. Finalmente, ele me contou o seguinte sonho: "Uma mulher que despertava terror e bastante louca estava para me matar. Mas, no último momento, de trás dela surgiu um homem encapuzado que conseguiu se empossar da faca com a qual ela iria me matar e decapitou-a. Senti-me aliviado, mas também horrorizado. Pois houve muita confusão. Eu percebi que tinha o dever de proteger o homem que salvara minha vida, mas, ao mesmo tempo, entendi que aquele que havia matado a mulher me dava um enorme poder sobre ele. É difícil contar a história à polícia porque podem chegar a conclusões precipitadas que me causariam problemas". Por meio das associações, o paciente me disse que eu era o homem encapuzado do sonho. Um dos problemas que esse paciente mais frequentemente trouxe à análise foi a incapacidade de elaborar o luto; em particular, descobrimos que ele não tinha sido capaz de elaborar a morte de sua mãe, que desaparecera vários anos antes. Seus relacionamentos com as mulheres sempre seguiam o mesmo padrão: à idealização inicial sucedia a mais profunda desilusão, mas eram as mulheres que ficavam com a tarefa de elaborar o luto pelo naufrágio do relacionamento. Sua associação de que eu era o homem do capuz que cometera o assassinato indubitavelmente indicava que ele havia projetado sua parte assassina em mim. Presumivelmente, eu o protegi das consequências de suas ações, como, certamente, sua mãe havia feito com ele nas várias vezes em que ele não conseguiu chorar. No sonho, o paciente repete uma de suas características, a de "chantagear": ele acusa e ameaça fazer revelações se seus pedidos não forem atendidos. Forçado por essa ameaça, fui obrigado a assumir responsabilidade, o sentimento de culpa e o luto pelo homicídio que ele havia cometido em sua mente. Não entrarei em mais detalhes, gostaria apenas de acrescentar que a apresentação clara do problema tornou possível realizar um trabalho interpretativo, e a parte do paciente que foi capaz de aprender com a experiência pôde usar esse aprendizado com proveito; em outras palavras, foi possível aproximar-se da solução do problema.

Os elementos não metabolizados mais frequentemente encontrados naqueles que carregam consigo a "constelação de morte" são:

1) Atribuição a alguém da responsabilidade dos desejos homicidas tentados pelo sujeito.
2) Convicção do sujeito de que é necessário matar para permanecer vivo.
3) Associação entre perversões e fantasias sexuais e/ou impulsos homicidas.
4) Experiência perseguidora da morte do objeto experimentado pelo sujeito como uma rejeição de si mesmo.
5) Anulação do objeto (no sentido psíquico), com a consequente falta de um objeto interno capaz de contenção, e, portanto, impossibilidade de o sujeito se desenvolver.

O exemplo clínico mencionado há pouco demonstra que, quando é possível reviver a transferência e, portanto, elaborar o problema da potencialidade homicida, ou seja, a "constelação de morte", que parece ter que permanecer fixa e imutável na pessoa, mudanças positivas podem ser obtidas. Isso é verdade independentemente de o tratamento consistir em uma análise ou em uma psicoterapia analítica. Nesse último caso, o risco de agir é maior, mas raramente se manifesta em um assassinato. Com muito mais frequência, manifesta-se como um ato simbolicamente destrutivo. O tratamento de pessoas que carregam consigo uma "constelação de morte", aparentemente fixa e imutável, consegue resultados encorajadores. No que diz respeito aos que cometeram um assassinato, a situação é mais complexa, principalmente porque a vítima não pode ser trazida de volta à vida e, portanto, a atividade restauradora falha em devolver o que foi destruído. No entanto, parece-me oportuno sublinhar que um sucesso parcial não deve ser desprezado e que, para dizer com Bion, quando a situação é difícil, fazemos o que é possível.

10. Violência no casamento[1]

É difícil decidir por onde começar um estudo sobre a violência que às vezes explode no casamento. Até mesmo os cônjuges que se envolvem continuamente e desejam ser o mais iguais possível podem nutrir sentimentos recíprocos de violência que permanecem ocultos até a chegada dos filhos, complicando o relacionamento do casal, transformando a antiga estrutura familiar em uma constelação complexa de várias pessoas. Muito mais evidente é a violência inerente a esses relacionamentos, baseada no desprezo mútuo, nos quais a agressão verbal ou mesmo física é um elemento que constantemente se torna parte das relações "normais" entre os cônjuges.

Na maioria dos casos, a veemência usada para impor as próprias ideias atinge certo grau de intensidade e, em seguida, geralmente após uma briga com a qual o casal parece ter aprendido algo, diminui. Outras vezes, o andamento é diverso: o estado de tensão não diminui e causa perda de contato entre os cônjuges ou até aumenta e cria uma atmosfera de potencial e severa destrutividade que um ou

1 Conferência apresenta em Londres, em 1976, a convite da Sociedade Psicanalítica Britânica.

ambos os cônjuges sentem como imperdoáveis. Nesses casos, é possível alcançar o grau extremo de violência, ou seja, o uxoricídio: o maior risco que a esposa corre é ser estrangulada na cama, enquanto o maior risco para o marido é ser morto na cozinha com uma faca. Felizmente, esses eventos são estatisticamente muito raros. No primeiro caso, com toda a probabilidade, o gatilho é a rejeição sexual da mulher, que mantém uma posição passiva diante da atitude ativa do homem; no segundo caso, é a intrusão do homem no ambiente doméstico, que se choca com uma resposta ativa da mulher.

Sempre foi muito difícil traçar uma demarcação clara entre a violência que se origina no casal, no núcleo familiar, na família estendida, e aquela que tem suas raízes no instinto de sobrevivência e, portanto, é direcionada contra as ameaças que advêm de outras pessoas e estruturas.

Atenas diz ao final de *Oréstia*:

> *Não espalharás sobre esta minha terra as manchas de sangue que afligem armas e corações dos jovens em contenda e ruínas furiosas, e a fúria é uma embriaguez sem vinho; e aos meus cidadãos não instigarás, como se instigam os galos, a guerra civil, a violência de irmãos contra irmãos. Com inimigos de fora se tem de ser a guerra, que então não é penosa, e um nobre amor de glória move os guerreiros: não é uma briga de pássaros domésticos dentro da gaiola. (Ésquilo, 1970, tradução nossa)*

Os instintos de vida e morte são importantes na gênese da agressividade: a violência que provém das forças verdadeiramente destrutivas é muito diversa das usuais controvérsias cotidianas, nas quais a agressividade diminui quando é alcançado um acordo entre as duas partes. O primeiro tipo de violência, de fato, pode aumentar em vez de diminuir se um dos contendores se mostrar submisso.

Antes de proceder a uma descrição mais detalhada desses dois tipos de violência no casamento, é necessário parar e considerar qual é a atitude que cada um dos cônjuges tem dentro de si em relação à sua própria agressividade. As pessoas que formam o casal podem, de fato, ser muito parecidas entre si ou extremamente diferentes, dependendo se a escolha objetal foi do gênero anaclítico ou narcísico (procura de um outro si mesmo).

Diferentes tipos de violência no relacionamento de casal

1) Em alguns casais, e mesmo em certas famílias, a violência é aceita, dentro de certos limites, como parte da vida emocional diária e é reduzida ou intensificada durante o curso do dia, seguindo o destino de outras emoções.
2) Em um ou ambos os cônjuges, a violência pode se dever a conteúdos psíquicos que não são integrados porque estão excessivamente presentes ou porque interagem de maneira turbulenta com as estruturas psíquicas preexistentes.
3) A violência às vezes é desencadeada pela confusão que o cônjuge superdependente provoca: na verdade, ele espera do parceiro algo diferente do que está preparado para dar; cada pequena desilusão ou insucesso pode desencadear uma agressividade inespecífica e generalizada, já que, muitas vezes, o cônjuge que é escravo de sua parte infantil muito desenvolvida espera que o parceiro permaneça compreensivo e adulto; às vezes os cônjuges podem ser dominados por suas partes infantis. É difícil dizer

qual pode ser o prognóstico de um casamento desse tipo; no entanto, geralmente, com o nascimento dos filhos, o casamento melhora se os dois cônjuges puderem se tornar mais adultos ou se o menos maduro deles puder crescer; mas se, em contrapartida, não houver sucesso, ele se torna um "filho" a mais ou se afasta do parceiro.

4) O relacionamento pode se tornar francamente psicótico quando o distúrbio psíquico não consiste em simples imaturidade, mas em algo mais grave. Geralmente, um cônjuge é mais saudável que o outro e, nas disputas, a violência é desencadeada pela oposição do cônjuge que tem maior contato com a realidade à tentativa do outro de levá-lo ao seu mundo de delírios persecutórios. Naturalmente, também existem casos em que o processo psicótico é iniciado por um cônjuge e continuado pelo outro.

5) Finalmente, existe um tipo de violência conjugal que parece se originar de experiências muito precoces de um ou ambos os cônjuges. A agressividade parece estar tão profundamente enraizada na estrutura da pessoa que, quando o equilíbrio psíquico é ameaçado por fatores que se originam dentro ou mesmo fora do casamento, há uma perda de controle que se torna cada vez mais grave e, eventualmente, leva a um estado de loucura. Estes são os casos que podem terminar com o uxoricídio, embora na Inglaterra este seja um crime raro.

Entre os muitos fatores que determinam a evolução do relacionamento do casal, alguns podem ser encontrados nas experiências que precedem o casamento. O mais importante de tudo é, sem dúvida, o modelo de relacionamento que cada um dos cônjuges carrega dentro de si; isso depende da imagem interna da família, das primeiras experiências com os pais, como foram vivenciadas durante a infância. Os pais podem ser idealizados ou vistos com certo realismo, mas sua imagem interna é sempre modificada pelas fantasias mediante as quais eles serão idealizados, desprezados, ridicularizados ou odiados de acordo com o sentimento predominante durante o processo introjetivo: desejo, inveja, hostilidade, denegrimento. De acordo com uma das regras fundamentais do comportamento humano, o indivíduo se sente tratado por seus próprios objetos internos e externos da mesma maneira que ele próprio se comporta com esses (objetos internos e externos). A herança psíquica que os cônjuges trazem para o casamento constitui a contribuição para uma guerra familiar que pode explodir a qualquer momento e cujos termos são bem definidos; é semelhante à disputa entre os Montecchio e os Capuleto em *Romeu e Julieta*. Às vezes, de fato, o campo de batalha dos conflitos é representado pelas famílias de origem dos cônjuges, que brigam de maneira mais ou menos violenta. Se o casal vive isolado, os cônjuges lutam entre si porque cada um apoia suas figuras parentais internas no casamento. Nas famílias estendidas, as relações cotidianas entre diferentes membros da família levam a situações muito diferentes.

Antes de prosseguir com outros exemplos, gostaria de fazer um aceno a alguns dos mecanismos psíquicos mais importantes que operam na díade conjugal e, portanto, na família, isto é, a projeção, que consiste em atribuir a outra pessoa pensamentos e atitudes que não lhe pertencem, e a identificação projetiva, termo que indica aquele fenômeno mental que faz com que estados emocionais muito intensos sejam comunicados aos outros e atuem sobre eles, determinando seu comportamento. Esse mecanismo, característico da primeira infância e dos estados psicóticos dos quais representa o modo de comunicação predominante, também é usado na família, particularmente no relacionamento entre mãe e bebê e entre marido e mulher. Bion descreveu o processo de identificação projetiva como uma relação entre continente e conteúdo. Se a mãe funciona acolhendo o que o bebê lhe transmitiu por meio da identificação projetiva, a mãe pode conter suas projeções e, ao final, restituí-las tal e qual, ou, depois de elaboradas, nutrir a criança com um alimento psíquico melhor do que aquele que ela lhe deu, um alimento possível de uma sucessiva elaboração. Em contrapartida, a mãe pode ter tanto medo que imediatamente retorna as projeções transmitidas a ela, despidas de todo significado. Se a mãe integra e elabora as comunicações do bebê, ele tem uma chance muito maior de crescer e se desenvolver bem; se, em vez disso, ela o priva de todo significado e o devolve ao bebê como se fosse algo aterrorizante, a relação entre mãe e bebê piora cada vez mais, e a criança corre o risco de se tornar psicótica. O relacionamento entre os cônjuges, que não são tão frágeis quanto os bebês, é governado pelas mesmas regras fundamentais.

Agora vamos descrever os fatores e elementos que mais influenciam o relacionamento do casal.

1) Escolha do objeto. O parceiro é escolhido por razões anaclíticas ou narcísicas. Já no final do século XIX, Freud havia afirmado que o prognóstico de uma relação do tipo anaclítico é muito mais favorável do que uma relação narcísica. Pelo termo escolha "anaclítica" (anaclítico significa literalmente "apoiado em") entende-se a escolha de um parceiro que recorda uma figura de proteção e de apoio durante a infância. A escolha do objeto narcísico, por outro lado, consiste na busca de um parceiro que seja a imagem de si mesmo, o que se é atualmente, ou o que se gostaria ou se desejaria ser. Geralmente, é uma escolha que tem suas raízes em um relacionamento objetal insatisfatório precoce: seguido de sentimentos de raiva, depressão ou angústia, o investimento afetivo abandona o objeto primário e se volta exclusivamente para si; o narcisismo primário é assim reforçado pelo narcisismo secundário. O cônjuge escolhido por razões narcísicas é forçado a se mover dentro de espaços muito reduzidos, e sua individualidade é limitada. No relacionamento do casal, há algo

muito rígido e frágil, os cônjuges parecem ser muito ligados um ao outro e, muitas vezes, suas identidades são confusas.

2) Continente e conteúdo. Em uma de suas formulações, Bion, buscando abstrair os elementos que são a base de certas trocas interpessoais, identificou o macho com o pênis, ou seja, com o que deve ser contido, e a fêmea com a vagina, ou seja, com um receptáculo que oferece contenção. Mas, nas trocas interpessoais que ocorrem em um casamento, não é sempre a mulher que faz o papel do continente, como não é sempre o homem que deve ser contido. Se aplicarmos essas considerações ao relacionamento mãe-bebê, veremos que é o mamilo (masculino) que está contido na boca (feminino): qualquer consideração sexual está, portanto, fora de lugar. Muitas vezes, é necessário que o marido atue como um recipiente para a ansiedade de sua esposa em tempos de crise, como parto, amamentação e doença. A esposa age como um continente para o marido, não apenas quando o homem "grande e forte" mantém relações sexuais com ela, mas sobretudo quando a criança pequena que está nele precisa de uma mãe que possa consolá-lo pelas dificuldades encontradas no trabalho ou em outro lugar ou que o conforte em uma doença ou falha. Os momentos de maior exacerbação da violência no casamento ocorrem quando o marido é julgado incapaz de conter uma crise, cujo peso, portanto, incide inteiramente na esposa. Posso tomar como exemplo a traição de um marido que, enquanto sua esposa estava hospitalizada e sofrendo muito por ter dado à luz um filho morto, se "divertia" muito tempo em casa com a parteira. À primeira vista, poderia parecer que o comportamento do homem havia sido determinado pela rivalidade com o bebê, que, com seu nascimento, o fez reviver as antigas rivalidades com seus próprios irmãos. Em um nível mais profundo, no entanto, a presença de um desejo de vingança era clara: ele não podia se resignar a um papel de importância

secundária, enquanto sua esposa expressava sua criatividade dando à luz um filho. Para alguém que perguntou por que ele nunca teve filhos, B. Shaw respondeu: "Não posso permitir à minha esposa ter uma pausa ao dar à luz os meus filhos!".

Um empresário de sucesso estava passando por uma grave crise econômica e tinha sérias dificuldades no trabalho. No momento que estava envolvido de corpo e alma em uma operação financeira que talvez pudesse melhorar sua sorte, descobriu que sua esposa tinha um relacionamento com seu sócio, um homem fascinante, mas irresponsável, que ele considerava a causa de todos os seus infortúnios. A esposa tinha um caráter narcisista, e o marido a escolhera, entre outros motivos, justamente porque tinha uma bela aparência. Ele a enchia de atenção, mas, no final, depreciava-a continuamente e não permitia que se tornasse uma verdadeira companheira. Ela se sentiu narcisicamente identificada com o sócio, que seu marido tratava como a tratava em casa. O sócio e a esposa, movidos pela mesma raiva, aliaram-se para atacar o marido em seu calcanhar de Aquiles: inconscientemente, perceberam que ele estava muito mais interessado em seu trabalho do que em um deles.

3) Situação edípica. Em geral, os problemas de natureza edípica aparecem tardiamente no casamento, quando uma família já foi formada e os cônjuges, ao longo dos anos, começam a se lembrar dos pais do sexo oposto de sua infância. Às vezes, episódios de infidelidade ocorrem quando o filho mais velho se torna adolescente e entra em uma nova fase de desejos e fantasias eróticas que envolvem um certo cortejo da mãe, quando se trata de um menino, ou do pai, quando se trata de uma menina. Embora não se comportem de maneira sedutora, a filha pode lembrar ao pai sua esposa quando ela era jovem ou a mãe quando ele era criança, mas, acima de tudo, pode despertar elementos

narcísicos nele, sugerindo como ele gostaria de ser se ele nascesse mulher. Cada um dos estágios dessa sequência é capaz de desencadear paixões prepotentes que podem terminar em atos violentos.

Mesmo que a esposa identifique inconscientemente o marido com o pai, suas relações sexuais com o cônjuge podem permanecer inalteradas: a esposa ainda pode desejar o marido e compartilhar prazer sexual com ele. No entanto, se as fixações precoces, constituídas pelos obstáculos aos desejos sexuais infantis do pai, não tiverem uma solução satisfatória ou não forem reativadas pela identificação com os filhos, todo o interesse sexual no casamento desaparece. Nesses casos, a esposa pode depositar toda a sua afeição nos filhos ou procurar um amante que estimule o interesse sexual sem causar culpa. Geralmente, a esposa não quer se separar do marido porque se sente muito enredada na teia do casamento; em contrapartida, para um marido que não entende nem compartilha de seus problemas, é difícil não julgar seu comportamento com certa superficialidade; ele o interpreta das mais variadas formas, muitas vezes como um teste de confiança ou uma traição grave que desencadeia violência. A esposa pode responder agressivamente, ou, se em um nível inconsciente ela se sente como a criança que faz de tudo para induzir o marido-pai a puni-la por seus defeitos, ela pode obter um prazer masoquista da situação. É muito provável que a troca violenta se repita se um ou outro dos cônjuges tira disso uma gratificação inconsciente ou simplesmente inconfessada.

O oposto ocorre quando o marido tem desejos edipianos não resolvidos, junto com resistências que impedem a gratificação com a figura materna de sua própria infância. Se ele identificar sua esposa com sua mãe, seus interesses sexuais por ela diminuirão até a impotência: ele desejará definir o casamento de acordo com os modelos de sua própria infância. Em resumo: o marido tem um relacionamento com a jovem secretária e vê sua esposa como uma mulher mal-humorada e combativa que deve ser mantida o mais longe possível, salvo para depois correr para ela em um delírio de ciúmes. Ainda nesse caso, na medida em que o marido satisfaz suas partes infantis reativando o próprio passado, a esposa pode obter alguma gratificação desse estado de coisas. No entanto, o equilíbrio de tal relacionamento é muito precário e, quando se rompe, pode desencadear a violência. Normalmente, o marido se comporta como um adolescente violento e agride a esposa, que é vista como uma resmungona mal-humorada. Um marido infiel que não servia para nada um dia se lançou contra sua esposa que retrucava; ela, muito combativa, respondeu com um soco na orelha; nesse ponto, o marido, tendo perdido o controle, tentou estrangulá-la; a esposa pegou um guarda-chuva e começou a bater no marido com fúria: obrigou-o a pedir misericórdia como uma criança assustada, jogou-o escada abaixo e o trancou para fora de casa. Alguns dias depois, quando o marido ainda não havia retornado e a esposa continuava meditando sobre o incidente, um pacote chegou pelo correio. Ela o abriu e com grande horror viu uma linguiça que a representava com notável semelhança; uma série de palitos de dente haviam sido introduzidos nas partes vitais. Imediatamente a mulher informou a polícia e pediu proteção, mas foi inútil, porque o marido nunca voltou. Gostaria de salientar que esse ato simboliza um assassinato e foi realizado no lugar do assassinato; isso pôs fim à raiva do homem, desencadeada por uma observação da esposa que havia contrastado seu fracasso com os contínuos sucessos de seu tio e de seu pai, recentemente homenageados com o título de cavalheiros do trabalho.

4) Ansiedade persecutória e depressiva. Para que haja um relacionamento satisfatório, é importante que ambos os cônjuges tenham se aproximado da posição depressiva, tenham-na elaborado e continuem a elaborá-la juntos. Como já expliquei, trata-se de um processo que nunca termina e tem seus altos e baixos, para que possamos apenas esperar que o relacionamento prossiga através de uma série de conquistas, mesmo que reversíveis, e leve a uma posição depressiva em vez da posição paranoide.

Cada um carrega dentro de si modelos de comportamento, derivados da primeira infância e reforçados pelas experiências da vida, que, operando no nível inconsciente, guiam todos os atos. Na relação conjugal, esses modelos são utilizados continuamente. Quando, com o nascimento dos filhos, a família se expande, eles se tornam complicados na medida em que novas variáveis intervêm no relacionamento. Situações que evoluem rapidamente e repletas de violência em potencial são inteligíveis somente depois de analisadas por muito tempo e com muito cuidado. A paz que se segue a uma disputa entre cônjuges ancorados no extremo Ps do eixo Ps ↔ D[2] é improdutiva porque está mais ligada ao medo do que àqueles sentimentos que normalmente estão associados à posição depressiva, que são a culpa, o remorso e os desejos. Quando, em contrapartida, depois de uma disputa, ambos os cônjuges conseguem permanecer por algum tempo no final do eixo, alcançam uma reconciliação muito mais sólida e madura, pois aprenderam algo com sua agressividade. Naturalmente, isso não quer dizer que os cônjuges sofrem de depressão da mesma maneira: pode ser que um seja mais capaz de lidar com a ansiedade depressiva; em geral, trata-se do cônjuge que, no relacionamento do casal, é capaz de ceder mais facilmente do que o cônjuge que, quando o peso do casamento se torna muito oneroso, é bastante integrado para

---

2 Ver nota 1 do Capítulo 5.

interromper um relacionamento a dois que se tornou uma tirania sem esperança.

O trabalho de esclarecimento que se tenta fazer com a terapia de casal nem sempre reúne cônjuges que não se dão bem; às vezes, ajuda-os a entender a colisão que, por meio de mecanismos projetivos cruzados, foi estabelecida entre eles e a se separar sem perigo e, por vezes, até amigavelmente.

Gostaria de sublinhar que muitas vezes são as pequenas coisas que iniciam o movimento em direção a um ou outro dos extremos do Ps ↔ D. Essas manifestações de afeto e gratidão são, por exemplo, um buquê de flores ou apenas uma palavra de louvor ou agradecimento que podem iniciar o movimento em direção ao extremo depressivo do eixo. Já uma crítica, mesmo que justificada ou desinteressada, como a do marido que volta para casa e sem sequer cumprimentar sua esposa corre para ligar a televisão para ver o final do jogo, pode facilmente fazer alguém deslizar da extremidade depressiva para o outro lado do eixo. As pessoas nem sempre se comportam da mesma maneira: às vezes reagem imediatamente, já outras vezes não expressam suas reivindicações nem as elaboram, mas as deixam em uma espécie de limbo no qual "desaparecem"; se as experiências são boas, apagam sua memória, caso contrário, se acumulam para causar respostas violentas. Pode acontecer, por exemplo, que uma esposa que tenha sofrido por muito tempo em silêncio um dia, de repente, censure o marido por toda a série de insultos que sofreu ao longo dos anos; ou que um marido, exasperado por constantes provocações, de repente se canse de sua família para se refugiar em seu bar, em sua horta ou em sua profissão. Se o relacionamento for mais perturbado, um acesso à violência também pode provocar um homicídio. O relacionamento se torna violento quando muitas coisas acontecem muito rapidamente, quando as revindicações se acumulam em virtude da incapacidade dos cônjuges de elaborá-las emocionalmente ou quando um cônjuge sofre mais que uma pessoa normal, em condições de tolerar e de digerir no nível psíquico.

A verdadeira luta entre marido e mulher, rigidamente alinhados um com o outro, geralmente ocorre após uma densa disputa em que os ressentimentos sentidos por ambos atingiram um nível considerável de perigo. Nos casos em geral, surge uma disputa não séria, mas que indica algo mais sério; a situação se torna menos tensa, os relacionamentos são retomados, mas, com o acúmulo de novos ressentimentos, outras brigas necessariamente explodem. Contudo, infelizmente, como já mencionei no início deste trabalho, a violência, às vezes, em vez de se transformar em um ato simbólico, tem como epílogo um homicídio.

Quando o relacionamento do casal dá uma guinada desfavorável e a violência aumenta sem parar, é importante saber como e quando intervir. Se houver crianças, o problema se torna ainda mais sério. Como dois cônjuges podem viver em um clima de conflito, em uma hostilidade contínua sem procurar a aliança de filhos e sem perder a autoridade sobre eles? Quando ambos os cônjuges trazem filhos de laços anteriores para a família, a explicação das partes se torna muito previsível, e, então, nunca se insiste o suficiente no perigo de "fazer com que as falhas dos pais recaiam sobre os filhos".

Os profissionais têm capacidades, qualidades e preparos diversos. Um dos problemas mais difíceis, como quase sempre acontece em todos os campos, é encontrar a pessoa certa para intervir no momento certo.

11. O microambiente[1]

Vários anos de trabalho terapêutico com famílias me convenceram de que a família representa não apenas o protótipo de cada pequeno grupo, mas também o elo entre o indivíduo e o meio ambiente, social e cultural.

Que ação, que influência ela exerce sobre o jovem que tenta se tornar autônomo? É claro, e pode ser visto bem na terapia, que o impacto da família no adolescente é restritivo e estimulante. A família repele e atrai, mas também tem outras funções. Se a imaginarmos como a unidade fundamental do sistema ecológico dos seres humanos, alguns dos fenômenos que ocorrem nesse sistema vêm imediatamente à mente: poluição, autopurificação, estagnação e turbulência. Pedem-nos que só intervenhamos quando o sistema ecológico familiar estiver mal, quando a função da família falhar ou tiver uma súbita parada. Como outros sistemas relativamente confiáveis que facilitam o desenvolvimento criando no vasto ambiente ao seu redor uma barreira defensiva, também a família deve

1 Publicado pela primeira vez em S. Box, *Psychotherapy with families. An analytic approach*. Londres: Routledge & Kegan Paul, 1981.

estabelecer limites ao seu caráter protetor. Muitas vezes acontece que a barreira no início é facilitante, mas depois provoca uma estase e em seguida impõe limites cada vez mais rígidos, transformando o que era um refúgio seguro em uma prisão.

Só depois de um certo período, minha coterapeuta e eu percebemos que a família sobre a qual estou prestes a falar havia entrado em um estado de extrema restrição, em uma espécie de prisão. Quando fomos chamados para cuidar da família Stone, era óbvio que os pais, e especialmente a mãe, precisavam tratar os filhos adolescentes, ou melhor, quase adultos, como se fossem crianças; seu comportamento era obviamente devido a mecanismos inconscientes.

O médico da família Stone nos enviou um pedido de terapia familiar porque a família estava em tumulto e ele próprio não tinha mais paz devido ao fato de o filho de 18 anos ser descrito como violento e incontrolável. Anteriormente, havia sido feita uma tentativa de tratar o paciente designado com psicoterapia individual uma vez por semana por vários anos, mas os momentos de calma não duraram, e os efeitos benéficos do tratamento não resistiram aos períodos de interrupção deste. Nossa ajuda foi solicitada quando a situação familiar havia atingido uma fase de crise aguda.

A família Stone era formada por pai e mãe de 40 anos e dois filhos, Roger, de 18 anos, e Amanda, um ano mais nova. O pai, um empresário loquaz e inteligente, sempre iniciava as sessões com a longa lista dos malfeitos de seu filho; ele se lamentava que Roger, com um tom arrogante, fazia contínuas solicitações e então passava aos insultos quando aquilo que pedia lhe era negado; insultos eram seguidos de violência física contra o pai, a mãe ou a irmã ou a destruição de qualquer objeto que se encontrasse ao seu alcance. Roger estava sentado e ouvia atentamente a lista feita por seu pai; ocasionalmente assentia ou negava com acenos de cabeça. Podia-se ler em seu rosto quanta satisfação provava por estar no centro do interesse geral. Mas, se algo era dito que o tocasse verdadeiramente, ele explodia em insultos verbais ou mesmo em ações violentas. Roger tinha o hábito de colocar as pessoas umas contra as outras e de tentar seduzir algumas delas pelo olhar para arrebanhar aliados: por exemplo, colocava a mãe contra o pai ou contra um dos terapeutas; ele era geralmente mais atraente com os homens, e mais severo, perverso e insolente com as mulheres. Se a mãe ou a irmã cediam sobre alguma coisa, ele parecia se tornar ainda mais cruel e desdenhoso: zombava delas e insultava-as de maneira sádica. Esse tipo de comportamento era evidente, especialmente durante os estágios iniciais da terapia. Se, em contrapartida, a mãe ou a irmã o atacavam, ele se tornava violento e ameaçava agredi-las. Certa vez, Roger insultou Amanda, que respondeu gritando insultos contra ele; Roger então se levantou e bateu nela, gritando: "Assim você aprende a não falar mais comigo nesse tom!". Amanda começou a chorar de dor e humilhação. Até a mãe foi violentamente atacada em uma sessão, mas o pai nunca o foi diretamente. Um dia, quando minha esposa, minha coterapeuta, interpretou para Roger que ele estava muito zangado com sua parte infantil por não poder tolerar nenhuma intervenção originada das partes mais maduras de si ou de um adulto, fosse de um membro da família ou de um terapeuta, Roger ficou furioso, e seu pai interveio para interrompê-lo enquanto eu estava muito ansioso com a possibilidade real de que minha coterapeuta fosse fisicamente atacada. Quanto a mim, Roger me provocou várias vezes e às vezes me imitou, mas nunca zombou de mim ou me ameaçou com violência.

A coterapia

Antes de contar a história dessa terapia com todas as suas vicissitudes, gostaria de fazer algumas considerações sobre o impacto que os dois coterapeutas que eram casados um com o outro tiveram na família. Em outras ocasiões, quando trabalhávamos juntos como coterapeutas em terapia familiar, para minha esposa e para mim parecia claro que o vínculo que realmente existia entre nós determinava uma problemática específica. Geralmente, as famílias tendem a assimilar e viver os coterapeutas como seus próprios membros. Com frequência, idealizam um em detrimento do outro, mas os papéis não permanecem fixos. Todos os membros da família costumam fazer conjecturas e fantasias sobre o tipo de relacionamento que existe entre os terapeutas: eles imaginam que estão envolvidos em brigas intermináveis ou orgias sexuais; quando estão casados, o esforço para colocá-los um contra o outro é ainda maior, mas ao mesmo tempo a ideia de sua inseparabilidade é mais profundamente enraizada. No caso que estamos discutindo, o vínculo entre os coterapeutas assegurou uma estrutura que permitiu a contenção da família. Junto com o sentimento de segurança decorrente do conhecimento de que os dois coterapeutas eram casados um com o outro e, portanto, capazes de lidar com qualquer ataque consciente ou inconsciente destinado a separá-los, era comum a todos os membros da família também o sentimento de poder dos terapeutas, que eram percebidos como uma união de forças contra eles. Os terapeutas para os membros da família representavam poder e, às vezes, onipotência e onisciência. Eles viviam de maneira diferente de momento para momento: quando a família se sentia perseguida ou incapaz de lidar com determinada situação, os terapeutas eram considerados responsáveis por todas as dificuldades; quando, em vez disso, a família superava uma crise, eram imediatamente idealizados.

Não gostaria que se pensasse que o ataque da família ao nosso vínculo não tivesse alguma consequência para nós. Ficou imediatamente claro que pelo menos duas coisas estavam acontecendo conosco: 1) cada um de nós tinha uma percepção diferente dos membros da família; 2) se após as sessões não conseguíamos entender o que era projetado em um ou outro de nós, ou em ambos, o trabalho terapêutico perdia sua eficácia. No entanto, quando era possível aprofundar nossas experiências em seus aspectos convergentes e divergentes, obtínhamos uma visão "estereoscópica" da família Stone.

É possível que seja mais fácil chegar a uma visão mais integrada da família sendo tratada por dois terapeutas casados entre si do que por um casal não casado cuja única chance de encontrar-se com frequência é a terapia. Em toda terapia familiar, é essencial que os coterapeutas se encontrem pelo menos uma vez entre as sessões para revisar o que aconteceu na sessão anterior e avaliar seu significado para ter uma visão conjunta do tratamento. Quando os coterapeutas são marido e esposa, as ocasiões de encontro entre as sessões são muitas e, mesmo nos momentos mais diversos, podem surgir problemas que encontram a possibilidade imediata de serem discutidos.

Ecologia da família e microambiente

Enquanto tentava pensar na família Stone e no jovem que era considerado seu maior problema, mais uma vez fiquei impressionado com a necessidade de estudar a psicologia do indivíduo e a patologia do grupo para entender os laços que a família mantinha em conjunto e que continuavam a conservar as características de microambiente.

Do ponto de vista ecológico, a família é uma pequena unidade que tem início com o matrimônio de duas pessoas; quando se acha uma casa, o casal começa a cristalizar uma fisionomia própria, e com o nascimento de cada bebê a unidade se desenvolve posteriormente e estabelece os contatos com a família estendida e com outros sistemas ecológicos no vasto mundo social. A situação que dela deriva está bem longe de ser estática.

Se penso na família como um microambiente psicossocial e econômico, volta-me à memória um microambiente natural que vi formar-se no campo inglês. No início, havia apenas uma pedreira grande, larga e rasa, que os trabalhadores haviam abandonado após extrair o cascalho. Lentamente, mudanças começaram a ocorrer. A cada chuva, a pedreira se enchia de água e depois secava novamente. Quando uma camada impermeável de diatomáceas (substância fóssil) e outros esqueletos de microrganismos se formou no fundo, a água permaneceu e, gradualmente, se desenvolveu um extraordinário microambiente que, com o tempo, alcançou seu equilíbrio ecológico. O pântano era povoado por uma grande variedade de animais aquáticos de água doce: de ratazanas a rãs, de peixes a larvas de libélulas; nas margens cresciam árvores e na água plantas aquáticas. Formou-se um oásis no qual diferentes formas de vida podiam ser encontradas e reproduzidas em condições que facilitavam seu crescimento e desenvolvimento; um oásis protegido, confortável, mas, para algumas criaturas, também restritivo. Há uma semelhança entre esse microambiente e o da família: ambos se protegem do mundo exterior com os mesmos mecanismos; as formas vivas encontradas interagem entre si, têm o mesmo equilíbrio ecológico e também restrições semelhantes. Quando o equilíbrio é perturbado por forças internas ou do mundo circundante, os processos de homeostase que tendem a restaurar a situação inicial entram em atividade. No caso da família, é quando o esforço homeostático falha que a intervenção terapêutica é necessária.

A história natural dos dois sistemas ecológicos, o pântano e a família, é, no entanto, diferente, como mostra o estudo dos fatores que levam à sua dissolução. Com o tempo, as raízes mais profundas dos salgueiros causam rachaduras no leito impermeável do pântano, a água flui gradualmente e permanece apenas uma área de solo úmido. A família termina como núcleo quando os filhos amadurecem sua própria independência, saem de casa e deixam os pais de meia-idade na situação inicial, quando se casaram e começaram a vida juntos como casal. É preciso enfatizar que cada fase do crescimento da criança, desde a infância até a juventude, ao período de latência, à adolescência e à idade adulta, apresenta problemas para o sistema ecológico da família. Toda crise de desenvolvimento, determinada pela aquisição de novas habilidades físicas ou psíquicas, incide de modo diverso sobre os pais: toda mudança desestabiliza o equilíbrio ecológico familiar. Algumas famílias se esforçam para chegar a um acordo com fatores desestabilizadores; outras, como pode ser visto claramente na família Stone, fazem de tudo para restaurar o *status quo*. Dessa maneira, às vezes, a família consegue reduzir a tensão em detrimento do que seria muito desejável: a independência de seus membros, que, embora separados, podem continuar mantendo relações entre si, embora não tão próximas.

Vamos voltar para a família Stone. Como já mencionei, Amanda teve um comportamento infantil e Roger se rebelou contra todas as restrições, mas ambos estavam de acordo e pretendiam ser servidos em tudo. Quando saem de casa, os filhos devem fazer um esforço para se adaptar à nova situação e os pais devem se resignar a um papel diferente e mais limitado. A família Stone devia enfrentar uma mudança desse tipo. Da parte de Roger, que, como mencionei, tinha 18 anos, e de Amanda, de 17 anos, havia resistência em aceitar o processo normal de crescimento. Da parte dos pais, havia resistência em aceitar um sistema ecológico familiar mais limitado. Todos eles se esforçavam para manter a situação inalterada e impedir o que era considerado a morte inevitável da família.

Os Stones conspiraram a partir da ideia de que "manter-se dentro" era muito menos perigoso que "ir para fora"; de fato, isso poderia ser sinônimo de deixar perecer. O medo de uma perseguição proveniente do mundo externo podia ser visto claramente em Amanda e sua mãe, que, quando viajavam, colocavam sempre, e com grande meticulosidade, a trava de segurança em todas as portas do carro.

Durante as primeiras sessões terapêuticas, eles se comportavam de maneira semelhante quando pareciam dizer para minha esposa e para mim: "Nós reclamamos e estamos aqui para reclamar, mas não tente dizer nada que possa parecer uma crítica a nós!". A consequência desse estado de coisas foi que nos tornamos os únicos responsáveis, a única causa de todo o mal-estar familiar, e, se tentássemos resolver o problema, inevitavelmente um deles ou todos juntos se sentiam rejeitados e enganados. Eles nos incorporaram ao "pântano" familiar e nos usaram como privada ou cesto de lixo. Demorou muito tempo para mudar a situação.

Alguns aspectos do tratamento

É difícil descrever a atmosfera que começou a delinear-se durante as sessões, mas tanto minha esposa como eu estávamos cientes de um certo perigo para o grupo familiar. Tive a mesma sensação que, às vezes, experimentava no tratamento daqueles que se encontram naquele estado mental que pode levar ao crime. A potencialidade homicida que percebemos derivava de uma total falta de preocupação com a vida de outras pessoas, e havia em nós uma grande ansiedade pelo que poderia acontecer no intervalo entre um encontro e outro.

Durante uma sessão, minha esposa falou sobre isso, mas o tempo expirou antes que o problema pudesse ser tratado adequadamente. A breve menção da possibilidade de um ataque à vida não diminuiu nossa ansiedade. De um ponto de vista técnico, gostaria que ficasse bem claro que, quando se depara com o dever de enfrentar sozinho ou com um coterapeuta um estado mental particularmente difícil e cuja elaboração pede tempo, as interpretações mencionadas podem ser mais perigosas que úteis.

Na sessão seguinte, sentiu-se um ar de medo e depressão. Os Stones nos disseram o que tinha acontecido. Roger havia estacionado o carro e, abrindo a porta para descer, atingira um ciclista bêbado. O ciclista, com o golpe, perdeu o equilíbrio e caiu pesadamente na estrada, batendo a cabeça. Em poucos minutos, morreu de uma hemorragia cerebral.

Durante o julgamento que foi celebrado mais tarde, Roger não sentiu piedade do homem: emocionalmente ele estava bloqueado na extremidade esquizoparanoide do eixo Ps $\leftrightarrow$ D.[2] Isso significou para nós que não apenas Roger, mas toda a família Stone estava em um estado mental caracterizado pela mais completa falta de preocupação com os outros e falta de arrependimento pelos danos irremediáveis causados. Isso era acompanhado por um desejo comum de "sair dela" sem se sentir culpado e sem sofrer alguma punição. Esse terrível acidente não ensinou nada, então poderia ter se repetido. Roger não sentia culpa nem remorso, não sentia pena do homem que havia perdido a vida; na verdade, estava zangado com ele porque "lhe causara tantos problemas" e se sentia ofendido como uma criança injustiçada. Em um jovem de 18 anos, tudo isso é um sinal de séria imaturidade mental. A família exibia um distúrbio que de fato era apenas aparente. Todo o esforço foi destinado a proteger Roger. Minha esposa e eu, por outro lado, estávamos tristes e muito impressionados; nos perguntaram se o que havia acontecido fora predeterminado ou completamente casual, isto é, um acidente fortuito diante do qual Roger em particular e a família Stone em geral reagiram da maneira que lhes era característica. Roger e a família

---

2 Ver nota 1 do Capítulo 5.

não conseguiam enfrentar a ansiedade depressiva, o estado mental no qual os desejos reparadores surgem da dor e do remorso; talvez nós estivéssemos fazendo isso por eles. Quando o processo terminou, todos os membros da família relaxaram e riram, trocando piadas com gosto macabro. Nesse ponto, era possível ressaltar que estavam fundamentalmente convencidos de que apenas aqueles que os serviam contavam alguma coisa, os outros não valiam nada.

Toda vez que uma interpretação era dada ao grupo familiar, havia uma grande pressa em exagerar o que era percebido como uma acusação contra Roger, a quem o papel de uma pessoa agressiva e violenta era continuamente atribuído. Durante as sessões, frases desdenhosas e acusações depreciativas eram lançadas com o objetivo de destruir as habilidades de um membro da família ou terapeuta. Quanto a nós, éramos adulados, apaziguados e ameaçados; se um membro da família tentava fazer uma autocrítica, era imediatamente acusado pelos outros de ser vítima de plágio dos terapeutas.

Experiências contratransferenciais

Desde os primeiros encontros, chamamos a atenção para a sexualidade latente e incestuosa que se podia observar na relação entre Roger e Amanda, mas nossa observação foi recusada com veemência. Mesmo que não falássemos abertamente sobre isso, nós, os coterapeutas, vivíamos como avós com uma função crítica em relação à família. Minha esposa, que tem aproximadamente a mesma idade da senhora Stone, era vista como carregada de sentimentos de raiva e desaprovação: a mesma raiva e desaprovação que a senhora Stone normalmente teria experimentado. Em mim, ao contrário, sentimentos diferentes, um tanto opostos, foram despertados. Eu percebia quão tremendo era o que Roger dizia e fazia, mas não podia, ao mesmo tempo, não ver o aspecto cômico disso. Certo tipo de resposta é apropriado para uma representação teatral, mas as piadas de Roger eram muito mais sérias e dramáticas! Sentia-me envergonhado quando começava a sorrir ou até a rir, observando o que estava acontecendo, principalmente se encontrasse os olhos de minha esposa, claramente zangada comigo. Então percebi quanto me deixara seduzir pelo aspecto cômico do comportamento infantil de Roger, que conseguia transformar tudo em uma farsa, representando com grande habilidade o papel de "garoto mau". Minha esposa, em vez disso, desaprovava profundamente aquela veia maníaca, cruel e sarcástica que também representava um aspecto do comportamento de Roger. Durante a discussão que se seguiu a uma sessão, percebemos que tínhamos sido "programados" de maneira diferente e, talvez por meio de mecanismos de identificação projetiva, fomos "possuídos" por sentimentos diferentes. Nunca antes tivéramos respostas tão contrastantes para o mesmo problema familiar, nunca nos encontráramos em tal desacordo como então. Estou absolutamente convencido de que a experiência que vivemos com os Stones não depende de nossa psicopatologia, mas de sermos objetos de diferentes identificações projetivas. É bastante comum encontrar em adolescentes o mecanismo projetivo por meio do qual estados mentais opostos são atribuídos aos pais ou a outras figuras autoritárias, que são, portanto, percebidas como rivais lutando entre si. Nossa maneira de responder talvez se deva às diferentes experiências projetadas simultaneamente sobre nós pelos vários membros da família, que poderiam se perguntar, com sarcasmo, como poderíamos ter enfrentado tal situação.

Em 1946, M. Klein descreveu um mecanismo, que chamou de identificação projetiva, que faz com que um estado mental seja projetado em outra pessoa e com que o objeto da projeção viva exatamente como o que foi projetado nele, enquanto o sujeito se sente, pelo menos em parte, livre do estado mental que era intolerável para ele. O processo inverso ocorre frequentemente; por exemplo,

Roger, que era o objeto da identificação projetiva, retornava junto com o que havia sido projetado nele, sua própria violência. Quero enfatizar que a identificação projetiva é diferente da projeção simples; nesta última, um estado mental pertencente ao sujeito é atribuído por ele a outros, enquanto na identificação projetiva ele é levado a viver por outros.

Depois de um tempo, percebemos que a modalidade de comunicação familiar era individual ou global: quando os Stones se comunicavam individualmente usando identificação projetiva, minha esposa e eu ficávamos "possuídos" por estados de ânimo muito diferentes entre si. Esses sentimentos tão opostos, que nos levaram de um para o outro e que colocaram o problema de analisá-los e compreendê-los para continuar o trabalho em conjunto, pertenciam à família Stone e eram aqueles que a família não tinha sido capaz de harmonizar. Tivemos que usar nossa contratransferência, especialmente quando nos sentíamos mais distantes um do outro; quando a usamos corretamente e conseguimos responder adequadamente ao que estava acontecendo em nós durante as sessões, a família conseguiu colaborar e realizar o trabalho nos intervalos entre as reuniões subsequentes. Isso demonstra como é necessário, em toda terapia familiar, ter tempo para analisar as experiências muitas vezes dolorosas que os terapeutas experimentam durante o tratamento: a partir dessa análise, pode surgir um novo material que permita aprofundar e continuar o trabalho.

Estereótipos como defesa contra conflitos intrapsíquicos

Cada membro da família se comportava de acordo com um contexto bastante fixo e constante. Roger ouvia tudo, estava mais inclinado do que os outros a verbalizar o que havia aprendido nas sessões e dava interpretações a todos, exceto a si próprio; o pai intelectualizava; a mãe explodia em prantos, sentindo-se um fracasso completo; Amanda estava sempre ocupada descarregando nos outros, especialmente em Roger, as falhas que acreditava serem atribuídas a ela, ou começava a brigar com a mãe, com o pai ou com os terapeutas, e o fazia com uma voz aguda e atitudes muito infantis. Ninguém assumia pessoalmente alguma responsabilidade por essa violência que dava a impressão de permanecer no ar, até que, com considerável alívio para todos, repousava sobre os ombros de Roger, que, por sua vez, respondia de maneira variável à carga de agressividade e de maldade que lhe era atribuída. Ele se sentia indignado e cheio de raiva, mas também sentia uma certa excitação exibicionista, como o ator que interpreta o papel do "vilão" em um melodrama. Roger era o destinatário de tudo o que a família queria jogar nele e, por isso, tinha a sensação de ser importante. Como no jogo infantil, era aquele que "tem", o escolhido pela família porque agia por todos e para que perpetuasse a sua violência. Junto com a satisfação de ser aquele que "tem", Roger também sentia a perseguição e a ofensa pelo papel que lhe fora imposto. O aspecto mais preocupante do caráter de Roger consistia em tentar gostar de ser aquele que "tem", um prazer perverso que o distanciava do comportamento normal. Começamos a interpretar que era conveniente para toda a família indicar Roger como a única causa de violência e agressão, o único obstáculo a uma atmosfera serena. Apesar de argumentar de outra forma, isso permitiu que os Stones não sentissem nem culpa nem responsabilidade, e lhes ofereceu algo de que reclamar enquanto desfrutavam da agradável sensação de estarem certos. Em contrapartida, Roger, que tinha uma veia exibicionista e vaidosa, triunfava sentindo-se muito importante por estar no centro de todas as censuras sempre que houvesse tensão: esse era o aspecto sadio de seu personagem. Em outras ocasiões, se ele se sentia justamente perseguido, sentia-se um bode expiatório: esse era o aspecto mais sadio de Roger, que, embora lentamente, emergia durante a terapia.

Ficou claro que, para todos os membros da família, mas especialmente para os dois adolescentes, o processo de introjeção, que consiste em fazer próprias e digerir as comunicações, as experiências e as interpretações dos terapeutas, constituía uma refeição psiquicamente indigesta. Roger geralmente se liberava daquilo que entrava nele atuando. Dessa maneira, nada poderia ser retido em sua mente por um tempo longo o bastante para "amadurecer no local" e permitir, então, que ele amadurecesse.

Outro aspecto da incapacidade de aprender com a experiência, evidente sobretudo em Roger, mas também em sua irmã e em parte em seus pais, era representado pela dependência que caracterizava os relacionamentos dos membros da família entre si e com os terapeutas. Por dependência, quero dizer uma forma de necessidade que é um fim em si mesma e não envolve a conquista de autonomia e maturidade.

Exploração recíproca

Roger controlava sua irmã como um tirano; Amanda secretamente o manipulava; e ambos pediam à mãe dedicação total e incondicional, Roger com maior insistência que Amanda. Era impressionante também a avidez que Roger mostrava pelo amor de seu pai e a determinação e insistência que ele usava para excluir sua irmã de seu relacionamento com o pai. Ele era peremptório e arrogante, e penso que nós o vivenciamos como um parasita justamente por causa dessa avidez que nunca foi associada a sentimentos de amor, de preocupação ou de responsabilidade. Roger aproveitou tudo o que pôde encontrar, mas não obteve nenhuma vantagem, e, quando a vítima de seu parasitismo não quis mais saber dele, tornou-se destrutivo e violento. O senhor Stone também compartilhava secretamente o ponto de vista de seu filho, a saber, que as mulheres são apenas escravas para serem exploradas e maltratadas, mas expressava isso muito mais silenciosamente e com muito mais diplomacia.

Sempre que Roger começava a perceber um vislumbre de preocupação com um membro da família, com os terapeutas, com sua namorada ou um colega de trabalho, e adquiria uma certa consciência de como tinha tratado essas pessoas, experimentava uma dor psíquica tão intolerável a ponto de transformá-la em perseguição: a ansiedade depressiva era substituída então pela ansiedade persecutória, a sensação de ser ele mesmo a vítima de erros contínuos. Roger então se comportava como se todos estivessem contra ele e trabalhava duro para punir primeiro aqueles que originalmente despertaram sua preocupação e depois os outros. Durante as fases iniciais da terapia, esse comportamento era muito evidente e se repetia em cada relacionamento: Roger explorava qualquer pessoa que estivesse perto dele, sem nenhum respeito por sua individualidade e sua liberdade de expressão.

No trabalho, Roger era arrogante, sempre esperava um enorme sucesso e conseguia criar uma atmosfera tal que até seus superiores esperavam grandes feitos dele, especialmente no início, quando seu interesse e seu espírito de iniciativa lhe davam algum bom resultado. O problema começava quando Roger percebia que não estava crescendo, por assim dizer, em velocidade astronômica: ficava descontente, entediado; tratava mal seus colegas e as secretárias, que passavam a se recusar a trabalhar para ele, acusando-o de ser mal-educado e arrogante; e acabava sendo demitido. Então voltava a viver sustentado pelo pai, porque não tinha sido capaz de fazer alguma economia. Percebemos, com o progresso da terapia, que Roger se identificava com seu pai e imitava seu comportamento, especialmente no que diz respeito ao relacionamento com seus funcionários. No entanto, o estilo de seu pai não era copiado, mas distorcido em uma caricatura: a tentativa de "ser" seu pai e o desejo de "tirar sarro" dele eram evidentes. Na terapia, Roger não repetia essa atitude com minha esposa, mas comigo, e, para dizer a verdade, tinha muito sucesso: sua imitação era muito cômica e digna de elogios! Essa era a maneira dele de se defender da dependência, da solidão e da inveja, mas, infelizmente, ao fazê-lo, ele negava a oportunidade de aprender com essa realidade específica que ridicularizava. As experiências ensinam algo apenas se for possível mantê-las dentro de si por certo tempo; disso Roger não era capaz. Quando ele ficava com raiva e se tornava destrutivo, predominavam nele processos paranoicos intensos e sempre mais violentos; quando estava em um estado maníaco, sentia-se grandioso e condescendente, tinha uma atitude de ironia e se comportava como alguém que tem sempre razão.

Esses estados mentais eram uma defesa contra a dor psíquica. Roger não conseguia se aproximar da posição depressiva porque isso lhe causava muito sofrimento. Apesar das conversas cheias de boas intenções e da facilidade com que ele parecia ter remorso, fazia de tudo para evitar se sentir realmente triste pelo que havia feito: seus atos de reparação eram de natureza maníaca.

Por um longo tempo, Roger foi incapaz de fazer uso do que acontecia nas sessões, mas, lentamente, começou a mostrar que era capaz de reconhecer e aceitar como próprios alguns aspectos destrutivos e parasitários de seu caráter e saber como tolerar certo grau de dor psíquica sem ter que recorrer à ação imediatamente. Esses primeiros passos para melhorar ocorreram depois que nós conseguimos liberar Roger de algumas identificações projetivas da família sobre ele.

Diferentes manifestações de violência

É difícil que uma terapia familiar proceda sem choques. Mesmo quando isso acontece, é preciso se perguntar se o processo terapêutico está realmente funcionando. Geralmente, passa-se de uma crise para outra com intervalos de calma relativa.

Um dia, o senhor Stone não estava bem, e sua esposa começou a provocá-lo e a contradizê-lo enquanto ele conversava com Amanda. De repente, ele foi tomado por uma violenta crise de raiva: jogou o prato com tudo o que estava dentro no quadro favorito da esposa e jogou todos os objetos que caíram em suas mãos. A senhora Stone contou o episódio com muitos detalhes, enquanto o marido ouvia abatido e assustado como um estudante que é chamado na sala do diretor. Roger, cuja reevocação da violência o tornava mais vigilante e ativo, rapidamente me substituiu no papel terapêutico e começou a interpretar, com menos caricatura que o normal, a regressão e a raiva infantil de seu pai.

Minha esposa observou que o senhor Stone agora se encarregara da violência familiar. Quando ela seria jogada de volta nos ombros de Roger? Não precisamos esperar muito tempo e não nos surpreendemos ao encontrar, na sessão seguinte, a ordem com a qual estávamos acostumados. Roger fora demitido e quebrara toda a sala de jantar de casa. Para sua crise de raiva tinha contribuído um ciúme intolerável de Amanda, que havia anunciado sua decisão de se casar. Embora o casamento fosse muito hipotético e longe de ser iminente, Roger se sentiu despojado, jogado para fora do palco. Roger tivera uma longa série de relacionamentos, mas nenhum durou muito; depois de uma breve paixão, todas as suas garotas, uma após a outra, o julgavam insuportável e o deixavam. Em vez de aprender com essas experiências e entender que seu comportamento precisava ser mudado, Roger parecia se tornar ainda mais perverso e violento a cada decepção. Naturalmente, acabava por ser rejeitado novamente.

Então foi a vez de a senhora Stone ser o vetor da violência familiar. Durante uma sessão, Amanda havia falado comigo rudemente e, diante da reprovação de sua mãe, tinha respondido ainda mais rudemente. A senhora Stone, então, levantou-se abruptamente, disparou à frente e bateu na filha com quatro tapas. Mais uma vez, minha esposa tinha chamado a atenção para o fato de que agora a violência parecia ter se concentrado na senhora Stone, que naquele momento se encarregava em nome de toda a família.

Um dos problemas que tínhamos de enfrentar era o desmantelamento sistemático e preciso, durante o intervalo terapêutico, do trabalho realizado nas sessões: era como a tela de Penélope, tecida de dia e desfeita à noite. Houve momentos em que a violência parecia flutuar, instável, sobre os vários membros da família, como se à espera de se instalar sobre um deles. Durante nossas férias ou quando os pais saíam, deixando os filhos sozinhos em casa, havia sempre alguma recaída. No entanto, como em qualquer outra terapia familiar, entre uma melhora e um retorno ao estado anterior, começamos a ver mudanças mais duradouras e estáveis.

Alguns aspectos das defesas maníacas

Antes de descrever brevemente a última fase do tratamento, parece-me importante parar e discorrer sobre o papel que o sarcasmo e a caricatura tiveram durante a terapia. Nossa primeira impressão havia sido que, para a família Stone, o sarcasmo representava uma ferramenta de defesa maníaca. Mais tarde, no entanto, percebemos que, além de proteger da experiência da dor psíquica, ele também impedia a introjeção das interpretações que atingiam o alvo. O sarcasmo foi usado de duas maneiras diferentes: como defesa contra o reconhecimento dos próprios impulsos destrutivos, que eram atuados concretamente quando essa barreira defensiva falhava, e como defesa contra toda boa experiência, fosse essa um impulso para o crescimento, uma identificação válida ou a ajuda dos psicoterapeutas. A inveja foi a causa desse estado de coisas e, em nossa opinião, das repercussões improváveis que nos deixaram muito decepcionados e com a impressão de que nossos esforços tinham sido em vão.

A caricatura era um instrumento de escárnio muito especializado. Roger usou-o, mas também seu pai. Como já mencionado, o senhor Stone tinha uma maneira paternalista e desdenhosa de tratar as mulheres, e minha esposa foi submetida a seus ataques muito mais do que eu. Ele repetia as palavras com um sorriso cético, como se dissesse: "Mas a senhora é mais louca do que eu pensava!". Na caricatura, no entanto, também se podia reconhecer, junto com todos os elementos destrutivos, uma tentativa de identificação. Isso ficou claro especialmente em Roger, que rapidamente aderia à identidade de qualquer pessoa, como um papagaio que repete palavras sem aprender o idioma.

Fase terminal da terapia

Roger havia encontrado um bom emprego e as coisas pareciam estar dando certo; o senhor e a senhora Stone haviam saído de férias, deixando os filhos para cuidar de si e da casa. No entanto, o encontro subsequente trouxe alguns problemas à tona. Roger estava apaixonado por uma garota, Amanda o acusara de estar sempre fora de casa e de não lhe dar nenhuma ajuda: era um parasita, exigia que ela cuidasse da casa e que se fizesse também de mãe. De sua parte, Roger reclamou que Amanda era boa em casa, mas pegajosa e ávida por atenção. A crise eclodiu na noite em que Roger voltou com sua namorada. Apesar de não terem ido para a cama juntos, Amanda sentiu muita raiva, porque era muito tarde e ela não suportava esse comportamento. Ao voltarem, seus pais repreenderam Roger, que a partir daquele momento se tornou tão destrutivo que foi forçado a sair de casa e encontrar uma acomodação independente. Os pais não precisaram repetir, e pela terceira vez ele saiu. No entanto, nessa ocasião, foi ele quem arrumou um quarto, e não seu pai, como havia acontecido antes. Houve discussões violentas entre Roger e seu pai; em diversas ocasiões, Roger virou a casa de cabeça para baixo. Estávamos alarmados e nos indagávamos se não estávamos assistindo ao colapso final da família. No entanto, do comportamento destrutivo de Roger parecia emergir uma oração desesperada: "Enquanto eu permanecer nesta família, nunca poderei me comportar com senso de responsabilidade e controlar a criança destrutiva que tenho dentro de mim". Quando interpretamos tudo isso, os pais e Amanda se sentiram ofendidos, mas Roger pareceu aliviado e concordou com uma expressão triste e séria. No intervalo entre as sessões, Roger mostrou que sentia muito por seu comportamento e fez o possível para pedir desculpas. Suas ações pareciam ter uma natureza verdadeiramente reparadora e não maníaca, tanto que começamos a sentir que algo diferente estava acontecendo. Na sessão seguinte, Amanda anunciou que não viria mais porque estava bem e, se viesse, faria isso apenas por Roger. Em troca, o irmão começou a tratá-la como uma criança pequena e a chamá-la de "leitoazinha" com tom paternalista e ofensivo, como acontecera nas fases iniciais do tratamento. No final da sessão, enquanto pensávamos em como interpretar aos dois irmãos aquela sexualidade incestuosa latente que a ambos fascinava e assustava, e que talvez tenha contribuído para piorar o relacionamento deles durante a ausência dos pais, algo novo aconteceu. Amanda, provocada além do limite da tolerabilidade, levantou-se, correu pela sala e começou a bater na cabeça e nos ombros de Roger. Durante todo o episódio, pensei que Amanda parecia mais uma esposa ou namorada ofendida pelo noivo ou pelo amante infiel do que uma irmã zangada. Para nossa surpresa, Roger não respondeu com violência, mas tentou controlar sua irmã, e o fez com extrema delicadeza. Ficou envergonhado e desajeitado ao empurrar Amanda gentilmente para o sofá. Antes de voltar a sentar-se em seu lugar, inclinou-se em direção a ela com um gesto que parecia um abraço; pensei em Julieta e Romeu. Interpretamos tudo isso, associando-o às dificuldades que os irmãos tiveram durante a ausência dos pais, ressaltamos que eles foram deixados sozinhos para interpretar "mãe e pai", e que esse jogo os havia excitado e assustado ao mesmo tempo. Roger estava particularmente com medo porque, quando criança, havia feito propostas sexuais para sua irmã. Lembramos também que, no início da terapia familiar, todos haviam se rebelado contra nossa interpretação dos desejos incestuosos latentes entre Roger e Amanda.

Amanda não compareceu mais às sessões, e houve uma rápida sucessão de eventos. Roger, que queria se casar logo, conversou com a namorada sobre suas dificuldades e pediu que o víssemos uma vez com ela e, finalmente, que encontrássemos um terapeuta disposto a ajudá-lo a lidar com seus problemas: ele não queria arruinar um relacionamento que considerava válido e bom; nós concordamos. Mais tarde, também vimos o senhor e a senhora Stone como casal. Quanto a Roger, encontramos um colega que seguiu com ele em terapia individual.

12. A balada do Velho Marinheiro[1]

"A balada do Velho Marinheiro" sempre despertou meu interesse. Trata-se de um poema de comunicação imediata e, ao mesmo tempo, uma narrativa muito aguda do crime, do castigo, da inveja, do rancor, da maldade e da expiação. Em minha experiência, alguns assassinos alcançam, durante o tratamento psicoterápico, essa condição, que parece ter estado no mais profundo da alma de Coleridge, o qual, à medida que compunha o poema, cujo tom inicial devia ser alegre, tornou-se cada vez mais absorto, e seu escrito, paralelamente, cada vez mais lúgubre.

Colerigde, que não tinha o hábito de terminar suas obras, dessa vez levou a termo um poema de notável importância.

O tema é a culpa e a expiação que se seguem ao assassinato criminoso do "objeto bom", morto sem nenhum motivo plausível, a não ser o de estar em uma atmosfera persecutória e ser interpretado como "objeto mau".

O "objeto bom", no caso do poema em questão, é o albatroz, que representa a mãe ou os dois seios – conforme seja considerado como

1 Texto publicado na revista *IDE*, São Paulo, v. 64, p. 269-284, 2017.

objeto total ou parcial. Os homens da tripulação – que num certo nível simbolizavam os irmãos e, num nível mais profundo, partes do Velho Marinheiro – morrem após declararem estar de acordo com o fato de que a tal ave era de mau agouro e trazia azar.

Bravo disseram-me matar tais aves.
Que trazem a neblina e a bruma.[2]

Até o momento em que discordaram dele e o expulsaram do grupo, tudo esteve bem e nada de grave aconteceu. O remorso e a expiação permitiram ao Velho Marinheiro elaborar, em parte, seu terrível crime, que conduzira à morte a tripulação inteira, enquanto a culpa e o remorso não elaborados provocaram-lhe distúrbios obsessivos e compulsivos, acompanhados por crises de angústia, durante as quais ele tinha de encontrar uma pessoa adequada que lhe servisse de depósito de suas projeções e a quem pudesse contar sua história. A catarse subsequente mitigava o sofrimento do Velho Marinheiro, mas somente por um breve período: de fato, o que ocorria era simplesmente uma maciça projeção, no interlocutor, de seus sentimentos. Algo semelhante é encontrado nos homicidas: uma vez que conseguem elaborar grande parte do remorso e da culpa, eles começam a vivenciar uma situação extremamente difícil, porque a tentativa de reparar a representação interna de um objeto externo e concreto, que em realidade eles destruíram (ou seja, que foi morto), é de uma dificuldade insuperável; o luto, por isso, não pode nunca ser completado, e uma verdadeira mudança, no sentido positivo, nunca se processa.

Todos os estudiosos de Coleridge concordam que o poeta sofria, desde a infância, de uma notável instabilidade de caráter e lembram

---

2 Este capítulo foi traduzido por Marisa Mélega. A tradução dos versos teve a participação de Aurora Fornoni Bernardini, docente de literatura da Universidade de São Paulo (USP).

o seu curioso e excêntrico comportamento, que, muitas vezes, foi associado ao do pai – embora este pareça ter sido menos instável emocionalmente.

Coleridge não tolerava críticas nem ataques: não enfrentava o sofrimento causado por suas falhas ou por repreensões e respondia com estranhamento ou afastando-se da situação. Foi com tal estado mental que ele deixou Cambridge e se uniu aos hussardos. Tornou-se um soldado medíocre, quase não treinável, e também um inexpressivo cavaleiro.

Em certos momentos, Coleridge parecia conscientizar-se de sua parte irresponsável, o que o levava a uma melhoria de sua integração e de seu amadurecimento, mas quando essa parte irresponsável voltava a atuar, levava-o a uma recaída. Notáveis, apesar de tudo, eram seu talento no uso das palavras e certa empatia que encantava e fazia com que, rapidamente, seu comportamento exasperante fosse perdoado.

Desejo examinar "A balada do Velho Marinheiro" do ponto de vista da obra de arte, que ilumina a agitação do mundo interno de Coleridge quando escreveu o poema. É provável que Coleridge, naquele período, estivesse próximo ao limiar da posição depressiva, mas, tendo uma limitada capacidade de suportar a dor psíquica por um período considerável, sentia-se dilacerado por forças que se opunham com violência à entrada da posição depressiva. O seu estado mental devia oscilar entre aquele dominado por ansiedade persecutória, que poderia explodir a qualquer momento, e aquele dominado por uma prolongada ansiedade depressiva. Quando iniciaram seu caminho, num triste dia de novembro de 1797, W. Wordsworth, Dorothy Wordsworth e Samuel Coleridge reagiram à melancolia do ambiente com um desabusado bom humor. Foi então que Coleridge tornou-se profundamente envolvido com as vicissitudes do Velho Marinheiro, e o poema, aos poucos, transformou-se em sua própria história, a história de sucessos e de malogros do seu desenvolvimento afetivo e dos conflitos que naquele período se agitavam dentro dele. O que deveria ter sido – e no início realmente foi – um escrito alegre e não comprometedor, criado apenas para ganhar uma pequena importância, tornou-se uma obra de arte muito importante, que revela, talvez mais do que qualquer outra, a grandeza de Coleridge.

Em 1797, aos 25 anos, Coleridge já havia experimentado a sedução do ópio, mas não estava ainda escravizado pelo vício, e, sem dúvida, flutuava entre dois estados: um em que o ópio era vivido como uma substância sublime, que colocava fim à ansiedade persecutória, e outro que, infelizmente, se desenvolveu gradualmente, após ele ter sucumbido ao vício: o de terrores próprios da ansiedade persecutória que, ainda por cima, assumiam uma qualidade demoníaca.

Somente após cinco anos de uso do ópio Coleridge compreendeu que a substância que deveria dar alívio à ansiedade, em verdade, piorava sensivelmente a situação. No entanto, quando chegou a essa conclusão, ele já estava dominado pela droga.

Cinco anos de vicissitudes, com uma deterioração geral, transcorreram entre a primeira composição de "A balada do Velho Marinheiro" e a definitiva.

Ainda que tenha falhado como tentativa, embora promissora, de uma autoterapia, "A balada do Velho Marinheiro" demonstra que Coleridge foi capaz de alcançar, inconscientemente e de modo quase automático, lembranças e experiências diversas e de ajustá-las num todo coerente que nos conta com precisão a história de sua vida interior.

Lamentavelmente, não consegui obter informações sobre os primeiros anos de vida do poeta.

Era o último de dez filhos que o pai teve com a segunda esposa; tinha, portanto, nove irmãos e, ainda, três meias-irmãs, vindas do primeiro casamento do pai. Aos 21 anos, Coleridge já havia perdido seis irmãos e a única irmã, à qual era muito ligado. Tais mortes podem ter feito surgir a ideia onipotente de ele ter sido o responsável pelo prematuro fim dos irmãos, por aquele tremendo fratricídio coletivo, representado com extrema vivacidade no poema "A balada do Velho Marinheiro". É possível que Colerigde tivesse tido tais fantasias pelo fato de nenhuma outra criança ter nascido depois dele. Não se sabe se a mãe ou alguma meia-irmã cuidou de Samuel.

Entre os 5 e os 8 anos, provavelmente mais perto dos 8, houve um incidente em sua vida. Samuel pediu à mãe um pedaço do queijo do qual ele gostava muito; ela cortou uma fatia e a entregou ao filho Frank, para que a passasse a Samuel. Frank, feliz com a oportunidade de atormentar aquele que considerava o filho predileto, em vez de entregá-la, jogou a fatia na direção de Samuel, e o queijo caiu no chão. Furioso, o jovem Samuel partiu para cima do irmão, bem maior que ele, e o derrubou. Frank fingiu estar gravemente ferido, e Samuel ficou preocupado e sentiu pena do irmão. Frank, então, levantou-se e riu de Samuel. Sua raiva explodiu: ele pegou uma faca e agrediu Frank. Quando os pais se lançaram sobre ele para contê-lo, ele fugiu e se escondeu em um bosque ao longo do rio Otter, que corria em frente à sua residência. Os barulhos dos pássaros e dos animais noturnos o assustaram muito, mas ele esperou, em vão, que alguém o procurasse. Somente nas primeiras luzes da aurora o senhor Stafford Worthecoot o encontrou e o reconduziu à sua casa.

Samuel ficou assombrado quando os pais, com os olhos cheios de lágrimas, acolheram-no com carinho e trataram-no como filho pródigo, demonstrando-lhe muito explicitamente que era querido e amado. Nesse momento, Frank desapareceu.

Pegar a faca para atacar Frank expressa, sem dúvida, um impulso homicida de Samuel, e fugir representa sua incapacidade de enfrentar esse fato.

Nesse episódio, portanto, além do tema do jovem Caim - Caim vegetariano, ou seja, Samuel que se alimenta de queijo -, encontramos o do "Hebreu errante". Ambos os temas estão presentes na história do Velho Marinheiro, no trecho em que se conta que a tripulação - ou seja, os irmãos inocentes ou relativamente inocentes - morrem, enquanto o verdadeiro culpado, aquele que destruiu o "objeto bom", sobrevive às custas da morte dos companheiros. Samuel, o rapazinho que tivera o impulso homicida, após ter passado a noite fora de casa, ao relento, foi tratado com afeto, enquanto Frank foi punido por ter provocado a violência no irmão.

Coleridge fez de "A balada do Velho Marinheiro" o seu poema e o tornou a expressão do próprio mundo interno. A essa maravilha, Wordsworth deu contribuições essenciais, como a ideia do albatroz, do crime, da nave que avança com a tripulação morta.

A meu ver, a elaboração do poema serviu, entre tantas coisas, para fazer emergirem os problemas mais profundos do próprio Coleridge. Sua personagem principal, o Velho Marinheiro, usa exatamente o mesmo mecanismo do poeta, tornando-se, assim, seu porta-voz. Além disso, fica claro que Coleridge, assim como o Velho Marinheiro, havia conseguido obter somente um alívio temporário da angústia. A composição de "A balada do Velho Marinheiro" não marcou o início da libertação da escravidão do ópio, mas uma etapa no caminho para uma maior dependência.

A imagem do espectro feminino, de face branca e cabelos amarelos como o ouro, que avança sobre a nave fantasma, lembra, em alguns trechos, o poema "La belle dame sans merci", de John Keats. Quando apareceu nas versões iniciais do poema, a figura feminina não personificava nem o pesadelo nem as imagens da "Vida em

Morte": esses foram desenvolvimentos posteriores. Ela se tornou, então, a distribuidora de castigos e de tormentos, mesmo conservando, como em "La belle dame sans merci", a capacidade de dar alívio, de fazer renascerem esperanças e expectativas e de provocar grande excitação.

Creio que a figura que representa o pesadelo da "Vida em Morte" se refira a uma constelação psíquica de relações objetais infantis do tipo já acenado e que, de tempos em tempos, reaparece na vida adulta. As representações internas dessas relações objetais seriam depois projetadas para o exterior e transformadas em objetos fantásticos ou em construções fantásticas. No que diz respeito a Coleridge, a figura representa quase certamente, entre outras coisas, o ópio; esse é o pesadelo da "Vida em Morte" que, de início, enche de esperanças seus devotados adeptos e dá sensações prazerosas, mas posteriormente não satisfaz as expectativas iniciais e os abandona em estado de terror, de perseguição e de sensação de morte.

Althea Hayter diz que, quanto mais Coleridge se tornava dependente do ópio, mais a figura da "Vida em Morte" tornava obsessivos os seus pesadelos.

Como assinalei, essa figura tem outros significados além daquele do ópio. Hayter afirmou que "Vida em Morte" poderia ser a chave de toda interpretação psicanalítica do estado mental de Coleridge no momento da escrita do poema. No entanto, penso que a imagem do fantasma feminino que gela o sangue do homem e cujo terror parece fazer fugir o sangue do coração do Velho Marinheiro tenha se fundido à imagem do amado e odiado ópio que seduz e paralisa.

Retomemos em exame o poema. Os primeiros versos falam do impacto entre quem projeta e quem recebe a projeção, ou seja, entre o poeta e o leitor; os versos seguintes mostram que, no início da viagem, os navegantes estavam de bom humor e que, durante certo período, tudo caminhou bem:

Navio contente, porto sem gente,
Zarpamos, alegremente
Ao som da igreja, por sob a colina,
À luz do farol lá em cima

Simbolicamente, o início da viagem pode representar a exploração do sono e referir-se às várias experiências da vida nos sonhos. Tudo vai bem até que, durante a viagem, das profundezas do sono que chegam até o inconsciente, acontecem contatos em um certo nível em que devemos enfrentar desejos e gratificações primitivas que dizem respeito a alimentos, a receber cuidados, a ser objeto de atenções, com os intercâmbios recíprocos entre mãe e bebê. Além disso, no que diz respeito a Coleridge, nesse nível ainda haveria o ensinamento religioso ministrado pelo pai, que era pastor protestante. O albatroz é sem dúvida uma ave que tem um significado religioso.

O que estaria se agitando na mente do Velho Marinheiro não é nada claro, mas ele parece descobrir dentro de si impulsos ferozes, malévolos e invejosos e, sem razão aparente, projeta-os, com toda a sua destrutividade e violência, no "objeto bom", o albatroz, que naquele particular momento é vivido como "objeto mau", ave de mau agouro.

Antes de ser dominado pela crueldade e pelo ódio e resolver matar o albatroz, o Velho Marinheiro tinha dentro de si uma constelação paranoica. Em Coleridge, ela talvez tenha se originado na infância.

Deus salve você, seu Velho Marinheiro,
Dos inimigos, por esse caminho,
Por que você olha? Com minha besta
Eu atirei no albatroz.

Como no episódio da infância ocorrido com o irmão, o castigo ao Velho Marinheiro não se seguiu imediatamente. De fato, não aconteceu até que a tripulação, isto é, as partes cindidas do Velho Marinheiro, desaprovasse a ação realizada pela outra parte dele, profundamente invejosa, maldosa e hostil; tudo transcorreu em absoluta tranquilidade. Da mesma forma, Coleridge continuou a crescer de modo satisfatório, pelo menos aparentemente, embora saibamos que, de tempos em tempos, teve alguns pequenos problemas.

É possível que a negação maníaca da realidade interna e externa tenha estimulado de tal modo sua parte narcísica, onipotente e invejosa, que, continuamente, ele sentisse que corria o perigo de ser subjugado e completamente dominado, da mesma forma como ocorre aos homicidas nas crises catatímicas. Quando, por fim, essa parte conseguiu a submissão do restante do *self*, aconteceu o desastre. Enquanto durava o conflito entre partes boas e más, o desenvolvimento podia prosseguir, ainda que dentro de certos limites. No entanto, assim que as partes boas sofreram o processo de corrupção, morreram todas em nível simbólico. Somente quando percebeu a enormidade do crime e foi atormentado por uma sede que não conseguia aplacar (penso que essa represente o desmame vivido pelo poeta de modo traumático), o Velho Marinheiro recorreu ao sobrenatural na tentativa de fugir à situação por demais angustiante:

Água, água em toda parte,
E todas as tábuas a encolher;
Água, água em toda parte,
E nem uma gota para beber

Por temer fortemente pela sua vida, ele invoca o sobrenatural: surge a nave fantasma. O impulso de morder-se como um vampiro parece se voltar contra ele mesmo – ao ter saciado a sede com o próprio sangue, ele consegue pronunciar palavras e berrar uma saudação ao navio que se aproxima. Tudo é muito semelhante aos ataques contra si mesmo e às frequentes automutilações dos assassinos e das pessoas com forte tendência ao assassínio:

Mordi meu braço, suguei o sangue,
E: vela, berrei! Uma vela!

O assassinato, o ato mais destrutivo contra os vínculos, é algo irreparável quando se ataca o vínculo com a própria vida. A mordida no braço irá cicatrizar: trata-se de um ato simbólico de destruição retrospectiva e representa um primeiro esforço obsessivo de anular o próprio assassinato.

Nesse ponto, cria-se uma confusão entre os impulsos do Velho Marinheiro e sua percepção da realidade interna e externa. Comparecem o fantasma, que ele exaltou como a morte, e a mulher, sua companheira, a "Vida em Morte", assim descrita:

Seus lábios eram vermelhos, seu olhar, lascivo,
Seus cabelos, loiros como ouro
Mas branca a pele feito leprosa;
O íncubo "Vida em Morte" era
Que regela o sangue dos homens.
A nua carcaça avançava
E os dois lançavam os dados

Por fim, a tremenda figura da "Vida em Morte" vence. Creio que ela tenha levado a melhor após uma batalha entre as partes boas e as partes más, no curso da qual as partes boas manifestaram tendências intensamente suicidas. No interesse da autoconservação, as partes más tinham posto em movimento uma ousada tentativa de ganhar o controle da pessoa toda e de garantir, então, a própria salvação em detrimento da qualidade de vida que, com efeito, não era mais vida, e, sim, morte. Naturalmente, esse é o tipo de conflito vivenciado por quem é escravo do ópio.

Quando decide não ceder diante da morte, o Velho Marinheiro é tomado por um grande medo; ele está protegido pela "Vida em Morte", enquanto a tripulação (todos os seus irmãos, as suas partes boas) morre. É significativo como ocorre a morte.

As ações do Velho Marinheiro e sua responsabilidade fizeram com que a realidade refletida nos olhos dos homens mortos fosse dirigida contra ele. É dessa maldição que o Velho Marinheiro não consegue se libertar. Uma imagem interna boa foi violentamente danificada, e ele sente ter cometido um crime imperdoável. Os olhos são muito importantes para Coleridge. Na parte seguinte do poema, por exemplo, o convidado fala do medo que lhe incute o olho do Velho Marinheiro: é como se, através deste, fosse-lhe transmitida a maldição dos olhos da tripulação morta. Naturalmente trata-se do processo de identificação projetiva.

Tenho medo de ti, ó Velho Marinheiro,
De tua mão escarnada!

O olho demoníaco e a inveja são projetados, mas quem recebe a projeção morre e, por sua vez, a reprojeta, centuplicada e ainda mais letal. Tudo isso chama de volta a degradação dos objetos e a malévola onipotência, própria das estruturas narcísicas, como foi descrito por Rosenfeld e Meltzer.

O Velho Marinheiro agora se sente verdadeiramente sozinho: a solidão, escreve M. Klein, é uma mescla de ansiedade persecutória e de ansiedade depressiva.

Só, só todo só,
Só, só neste imenso mar!
E nunca um santo se apiedou
De minha alma em agonia.

Aqueles muitos homens, assim belos!
E eles todos jazidos mortos:
E milhares e milhares de restos de lodo
Continuavam a viver; e assim eu

O luto, o remorso e as autoacusações indicavam que o conflito entre as partes boas e as partes más do Velho Marinheiro não era favorável às partes más. Na verdade, a presença do conflito demonstrava que as partes más impediam as boas de expressarem sentimentos de amor e, então, de empreender a atividade de reconstrução por meio do trabalho de luto.

Olhei para o céu e tentei rezar,
Mas, em vez de uma oração,
Saiu-me um sibilo perverso e tornou
Meu coração seco como um pó.

O Velho Marinheiro é cínico, sente-se perseguido e não pode amar. Sua situação não é diferente daquela – extremamente perigosa – que se apresenta no tratamento dos criminosos quando eles começam a se reapropriar de suas projeções e percebem que, na realidade, tiveram notáveis vantagens pelos crimes cometidos: é isso exatamente que faz os homicidas sentirem quão enorme é o delito de matar.

No Velho Marinheiro ressurge, do profundo de sua alma, a capacidade de experimentar interesse e de amar, originada, talvez, do difícil luto que, em certa medida, ele foi capaz de elaborar.

Dentro da sombra do navio
eu mirava suas ricas vestimentas;
de azul, negro veludo ou verde que rebrilha;
nadam e se enovelam a cada trilha
de áurea chama é um lampejo

Felizes coisas viventes! Língua não há
que possa declarar a beleza!
Uma fonte de amor jorrou do meu peito,
E sem saber os abençoei
Certo meu santo teve piedade de mim.
E eu as abençoei, sem saber.

Naquele mesmo instante orar eu já podia;
E então do meu pescoço liberto
Se desprendeu o albatroz, e caiu
Como chumbo no fundo do mar

Após experimentar a morte das partes boas, a vida torna-se possível com a intervenção do tão esperado sobrenatural.

Coleridge retratou, com extrema vivacidade, o que acontece a um homicida que consegue elaborar, dentro de certos limites, a culpa, o remorso e o luto: trata-se de um processo que, de forma distinta ou em medida diversa, é encontrado em pessoas que cometeram um assassinato em suas mentes.

O trabalho psíquico levado a termo pelo Velho Marinheiro permite a ele dormir. É possível que a chuva caída durante a noite represente lágrimas de tristeza, extremamente salutares, pois mitigam, ainda que por breve período, sua perseguição.

Ao ser capaz de estar deprimido, ele pode dormir um sono tranquilo e sereno. Esse estado ele pensava ter alcançado graças à mãe, ou seja, à Virgem Maria.

Em seguida acontecem eventos prodigiosos: os homens mortos, vivificados por uma "fileira de beatos espíritos", levantam-se, manobram o navio e o ajudam a salvar-se.

Minha impressão é a de que ter recorrido à Virgem Maria como figura mágica foi uma solução enganadora, pois o pai não reaparece.

Pouco tempo após a fuga de casa e a noite passada no bosque depois da agressão ao irmão Frank, o pai de Samuel morreu repentinamente, e foi Coleridge que teve de informar aos familiares a morte do pai, enquanto todos pensavam que tivesse sido um simples colapso. Ele compreendeu de imediato o que realmente havia acontecido.

Na quinta parte do poema aparecem elementos extremamente narcisistas, que lembram as descrições dos usuários de ópio durante o trabalho analítico. São falas que esclarecem os principais modelos de suas relações objetais, em particular aqueles usados durante o período de abstinência; sob o efeito da droga toxicodependente, os usuários estão aparentemente satisfeitos e não sentem necessidade de ninguém.

O parricídio do poema não é evidente, a não ser pela falta de uma imagem paterna e pela particular ênfase ao dom do sono que provém da mãe, Virgem Maria.

Parece que o poema trata mesmo é do assassinato da mãe – representada pelo albatroz – e dos irmãos, os outros filhos que a mãe teve.

Os versos seguintes ilustram o horror dos consanguíneos:

Postado em frente a mim, puxou a mesma corda
Era-me companhia,
Joelho com joelho, o corpo de um sobrinho;
Mas nada me dizia.

A intervenção do sobrenatural é importante, sobretudo porque nega a morte. Coleridge, em parte, rejeitou e, em parte, aceitou a responsabilidade em um nível intrapsíquico e interpessoal. Entretanto, o problema, como é típico dos viciados em ópio, não teve resposta definitiva.

Os seguintes versos transcrevem essa negação:

Tu me assustas, Velho Marinheiro!
Fique calmo, Convidado, fique calmo!
Não foi que as almas sumidas em gran pena
Voltaram dentro de seus corpos,
Mas foi uma mão de espíritos celestes

Os versos "Não foi que as almas sumidas em gran pena / Voltaram dentro de seus corpos" denotam um desafio ao retorno, como perseguidores dos objetos assassinados. Mas a idealização, que é o resultado da negação maníaca da enormidade do crime, teve somente um sucesso parcial.

A sexta parte de "A balada" inicia com vozes que fazem perguntas sobre eventos mágicos, os quais rendem a absolvição incompleta.

Jamais havia passado a angústia de sua morte
A dor, a maldição;
Meus olhos não podiam de seus olhos tolher-se.
E erguer-me em oração.

Parece que Coleridge experimentou ansiedade depressiva, mas nunca conseguiu elaborá-la. Ele estava sempre à procura de mecanismos que lhe permitissem esquivar-se desse sentimento e, uma vez encontrados, o processo maturativo naturalmente se interrompia.

Logo após, o encanto é quebrado e, mais uma vez, o Velho Marinheiro pode admirar a beleza.

Evidentemente, ele oscila entre tolerar a ansiedade depressiva e recair na ansiedade persecutória ou em um estado onipotente mágico e maníaco. Por um momento, encontra alívio da ansiedade persecutória mesmo sem tê-la expulsado, pois a representa de modo extremamente vívido.

Era como quem vai numa estrada deserta
Caminhando com medo e terror,
E tendo olhado às pressas para trás prossegue
Sem nunca mais olhar
Porque bem sabe que um demônio assustador
O alcança aos poucos passos.

Após o ingresso da nave no porto, os espíritos abandonam os corpos que jazem inanimados e enrijecidos. Depois disso, acontecem outras coisas mágicas: "O Piloto e o moço [grumete] do Piloto", junto com o eremita, vão buscar os passageiros do navio, o qual, nesse meio-tempo, havia se transformado em uma espécie de navio fantasma, de algum modo semelhante àquele que levava a imagem da morte e da "Vida em Morte". O eremita afirma nunca ter visto navio nem velas tão delgados, como teias de aranha:

Aos espectros das folhas mortas, essa turba
Que o leito do regato entope e rouba,
Quando na moita de hera a neve se demora
E o mocho pia para o lobo
Que devora os filhotes da loba.

O verso "Os escuros esqueletos das folhas", que vem na sequência, é de mau agouro. Representa algo de anal que bloqueia o riacho do bosque, ou seja, o fluxo do curso da vida, que se enregela talvez reprimido. Depois, um pequeno mocho e um lobo se destroem um ao outro. Não fica claro no texto quem come os pequerruchos da loba: se é o menino, o pequeno mocho, seu pai ou sua mãe, mas vários elementos poderiam indicar que o lobo-pai fosse o devorador dos lobinhos.

Há, então, uma cisão de enormes proporções, uma mudança catastrófica, segundo Bion, uma sorte de explosão que afunda o navio, arrastando consigo o Velho Marinheiro, que, apesar disso, se salva. É possível que essa imagem represente a fuga ao suicídio do ópio. Ele é salvo, mas é como se houvesse algo de quase demoníaco sob o efeito do ópio, pois o diabo sabe bem como se rema.

Em seguida, quando pede para ser absolvido, o Velho Marinheiro encontra-se, em certo sentido, em uma situação semelhante à do

Hebreu Errante e à de Caim e, como eles, vaga de terra em terra. Parece carregar consigo, junto com a maldição daqueles que matou, um impulso homicida. Além disso, parece possuir – cindido da constelação homicida – um misterioso poder que lhe confere extraordinária capacidade de expressar-se verbalmente e, de modo específico, de criar situações em que possa fazer uso da identificação projetiva com pessoas que, apenas ao olhar, reconhece como adequadas.

O poema tem, ainda, uma função didática que, creio eu, se ancora na relação que Coleridge teve com o pai: o pequeno Samuel frequentava a igreja para ouvir as pregações e os sermões do pai. O Velho Marinheiro, identificado, de certa forma, com o pai do poeta, que era pastor protestante, termina a narrativa com uma admoestação, que é também uma ordem:

Ora melhor aquele que melhor ama
Todas as coisas grandes e pequenas;
Que o bom Deus que nos ama,
Todas as fez e todas as ama.

Trata-se de um epigrama com conteúdo moral e com objetivo didático, próprio de sermão.

Desejo discutir por que o poema marcou uma etapa de extrema importância na vida de Coleridge: ele representa a tentativa de cumprir uma viagem mental que permitisse ao poeta passar da ansiedade persecutória à depressiva e, além disso, de se aventurar na posição depressiva para dela sair fortalecido. No entanto, os terríveis eventos vivenciados no inconsciente estavam muito próximos da inveja; são exemplos o assassinato parcial e total do "objeto bom" e a constelação fratricida que não lhe dava um momento de trégua.

As ações do Velho Marinheiro, de certa forma condenadas por ele, vinham da necessidade de salvar-se, mas revelavam também falta de amor verdadeiro e incapacidade de preocupar-se com o crime e todas as suas terríveis consequências.

Acredito que o "sibilo perverso" – que deixou seu coração seco como pó – constitua a chave interpretativa tanto do insucesso do poema como da profecia da vida futura de Coleridge. Inserido no contexto de outros acontecimentos, o "sibilo perverso" permite realizar uma interpretação acurada: avisa que o Velho Marinheiro não pode realmente elaborar suas ansiedades depressivas por causa da constante tendência a esquivar-se delas para preservar certa serenidade de ânimo.

O poema, então, teria produzido, em seu autor, somente alguma melhoria, porque Coleridge não permaneceu o tempo necessário na posição depressiva, mas se colocou no nível da posição paranoica, a qual, por necessidade, comporta a projeção de importantes partes de si mesmo – inclusive as mais sábias e as de tristeza – à pessoa a quem ele conta sua história:

Ele foi como alguém que atordoado
Por um golpe na cabeça fica fora "de si"
No dia seguinte levantou-se
Mais triste e mais sábio.

Em outras palavras, Coleridge mostrou uma escassa capacidade de aprender com a experiência ou, pelo menos, de reter o que havia aprendido. A vida do poeta, após a composição de "A balada do Velho Marinheiro", confirma: o seu matrimônio faliu, pois ele transformou uma moça graciosa, prazerosa e enamorada em uma mulher que só sabia reclamar.

Nesse ponto, gostaria de deter-me na grandeza de Coleridge, em suas fraquezas e em sua definitiva falência. Segundo Keats, Coleridge era dono de abertura mental e de uma capacidade negativa fora do comum. Dito de outro modo, sua capacidade introjetiva permitia-lhe ter grande empatia. Entretanto, sua psique perturbada não tinha condições de enfrentar e muito menos de metabolizar o que havia introjetado, o que o enfraquecia em vez de torná-lo forte.

Podemos conjecturar o que pode ter interferido no amadurecimento do poeta se nos detivermos nos versos em que se revela que o luto não havia sido suportado o suficiente e que, neste, se infiltrara uma atividade mágica, a qual, paulatinamente, adquirira uma importância crescente à medida que se reduzia a intensidade do luto por aquele crime, cometido na mente. Este parece ter consistido na matança de todos os objetos, principalmente o mais importante, o peito que alimenta; e, além disso, os irmãos e o pai, este último vagamente citado.

A primeira consequência pela extrema brevidade do processo de luto foi a incompleta recuperação da doença psíquica descrita com tanta vivacidade no poema.

Fica claro que o destino do Velho Marinheiro era o do próprio Coleridge. Mas, infelizmente, para o autor, diferentemente do Velho Marinheiro, não houve a possibilidade de projetar suas penas em um interlocutor apto que lhe trouxesse certo alívio.

Um dos meios encontrados por Coleridge para mitigar seu indizível sofrimento psíquico foi o ópio. A droga, porém, agiu como estímulo sobre as partes destrutivas que derivavam do instinto de morte e ancoravam-se na ansiedade paranoide. Ele se afastou gradualmente da vida e não teve a possibilidade de um ulterior desenvolvimento emocional.

O ópio foi um meio mágico e perigoso de que ele se serviu para fugir da realidade. Contudo, tal qual o navio fantasma que mudara o emblema de esperança e socorro, tornando-se um símbolo de terror e morte ou, pior ainda, de "Vida em Morte", o ópio levou-o ao processo de deterioração e à desilusão.

Não podemos nos esquecer de que Coleridge tentou realizar uma empreitada quase impossível sozinho e sem ter a teimosia e a perseverança que permitiram ao seu conhecido, Thomas de Quincey, finalizar felizmente o projeto de se livrar da letal tirania do ópio.

Referências

Bion, W. R. (1962). *Learning from Experience.* London: Heinemann.

Bion, W. R. (1963). *Elements of Psycho-Analysis.* London: Maresfield Reprints.

Bion, W. R. (1967a). On Arrogance. In: *Second Thoughts:* Selected Papers on Psycho-Analysis, pp. 86-92. New York: Jason Aronson.

Bion, W. R. (1967b). *Second Thoughts:* Selected Papers on Psycho-Analysis. New York: Jason Aronson.

Bion, W. R. (1970). *Attention and Interpretation.* London: Maresfield Reprints.

Coleridge, S. T. (1798). The Rime of the Ancient Mariner. In: Coleridge, T. S. *Lyrical Ballads.* London: Penguin, 2006.

Dicks, H. V. (1972). *Licensed Mass Murder.* London: Chatto & Heinemann.

Ésquilo. Eumenidi. Trad. M. Valgimigli. In: *Il Teatro Greco.* Sansoni, 1970.

Freud, S. (1911b). Formulations on the Two Principles of Mental Functioning. *Standard Edition*, 12:213-227.

Freud, S. (1916). Some Character Types Met with in Psycho-analysis: Criminals from a Sense of Guilt. *Standard Edition*, 14:332-334.

Freud, S. (1920). Além do princípio do prazer. In: *Edição Standard Brasileira das Obras Psicológicas Completas de Sigmund Freud* (Vol. 18). Rio de Janeiro: Imago, 1976.

Glover, E. (1960) *The Roots of Crime*. London: Imago.

Golding, W. (1954). *O senhor das moscas*. São Paulo: Alfaguara, 2021.

Hayter, A. (1968). *Opium and Romantic Imagination*. London: Faber & Faber.

Hyatt-Williams, A. (1959). A Psychoanalytic Approach to the Treatment of the Murderer. *International Journal of Psycho--Analysis*, *41*(2), 1960.

Hyatt-Williams, A. (1971). *Risks to the Worker in Dealing with Disturbed Adolescents*. Paper apresentado na International Conference on the Study of Adolescence, Guildford University, Inglaterra.

Isaacs, S. The nature and function of phantasy. In: Riviere, J. (org.) (1944). *Developments in Psychoanalysis*. London: The Hogarth Press, 1973.

Keats, J. (1818). La Belle dame sans merci. In: Keats, J. *Lettere sulla Poesia*. Milano: Feltrinelli, 1992.

Keats, J. (1975). *Poesie*. Newton Compton Editori.

Klein, M. (1927). Criminal Tendencies in Normal Children. In: Klein, M. *Love, Guilt, and Reparation* (pp. 170-185). London: Hogarth/Institute for Psycho-Analysis, 1975.

Klein, M. (1928). Early Stages of the Oedipus Conflict. In: Klein, M. *Love, Guilt, and Reparation* (pp. 186-198). London: Hogarth/ Institute for Psycho-Analysis, 1975.

Klein, M. (1934). Criminalità. In: Klein, M. *Scritti*. Torino: Boringhieri, 1978.

Klein, M. (1946). Notes on some Schizoid Mechanisms. In: Klein, M. *Envy and Gratitude*. London: Hogarth/Institute for Psycho--Analysis, 1984.

Klein, M. (1978). *Scritti*. Torino: Boringhieri.

Rosenfeld, H. (1960). Drug Addiction. In: Rosenfeld, H. *Psychotic States*. London: Hogarth, 1965.

Klein, M. (1987). *Impasse and Interpretation*. London: New Library of Psycho-Analysis.

Segal, H. (1980). *Un approccio psicoanalitico all'estetica*. In: Segal, H. *Casi clinici*. Roma: Il Pensiero Scientifico.

Segal, H. (1981). Notes on Symbol Formation. In: *The Work of Hanna Segal*. London: Free Association Press.

Shaffer, P. (1976). *Equus*. Genova: Teatro di Genova.

Wertham, F. (1949). *The Show of Violence*. New York: Doubleday.

GRÁFICA PAYM
Tel. [11] 4392-3344
paym@graficapaym.com.br